爱上地理课

AISHANG DILIKE

水上城市·威尼斯

SHUISHANG CHENGSHI · WEINISI

知识达人 编著

成都地图出版社

图书在版编目（CIP）数据

水上城市：威尼斯 / 知识达人编著 . —— 成都 : 成都地图出版社 , 2017.1（2021.10 重印）
（爱上地理课）
ISBN 978-7-5557-0433-1

Ⅰ . ①水… Ⅱ . ①知… Ⅲ . ①威尼斯—概况 Ⅳ . ① K954.6

中国版本图书馆 CIP 数据核字 (2016) 第 208097 号

爱上地理课——水上城市·威尼斯

责任编辑：	吴朝香
封面设计：	纸上魔方

出版发行：	成都地图出版社
地　　址：	成都市龙泉驿区建设路 2 号
邮政编码：	610100

印　　刷：	唐山富达印务有限公司

（如发现印装质量问题，影响阅读，请与印刷厂商联系调换）

开　　本：	710mm×1000mm　1/16			
印　　张：	8	字　　数：	160 千字	
版　　次：	2017 年 1 月第 1 版	印　　次：	2021 年 10 月第 4 次印刷	
书　　号：	ISBN 978-7-5557-0433-1			
定　　价：	38.00 元			

主人公简介

卡尔大叔：华裔美国人，幽默风趣、富有超人智慧，喜欢旅游，考察世界各地的人文、地理、动植物。

尤丝小姐：华裔美国人，卡尔大叔的助理，细心、文雅。

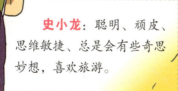

史小龙：聪明、顽皮、思维敏捷、总是会有些奇思妙想，喜欢旅游。

主人公简介

帅帅：喜欢旅行的小男孩，对探索未知充满了兴趣。

秀芬：乖巧、天真，偶尔耍耍小性子的女孩，很喜欢提问题。

目录

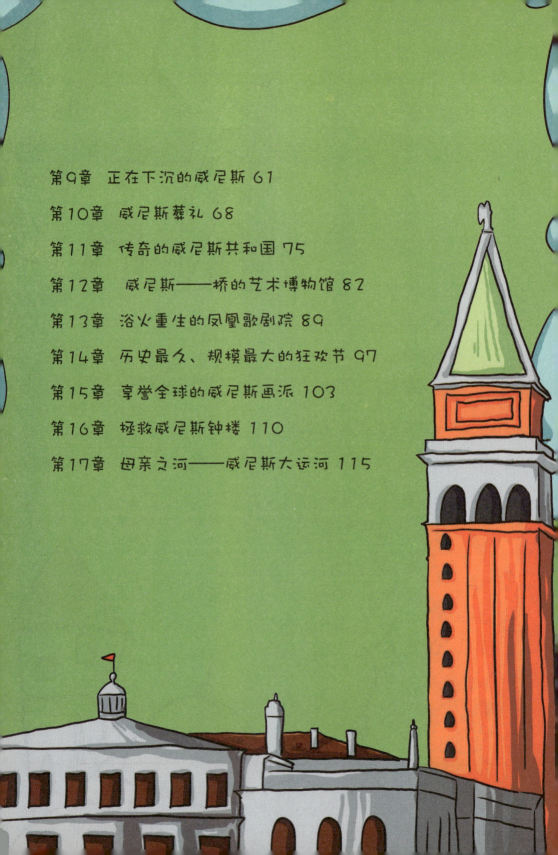

第1章

水城的形成之谜

在回家的路上，卡尔大叔神神秘秘地对孩子们说："孩子们，你们知道威尼斯吗？"

秀芬突然想到以前学过的一篇课文："是《威尼斯商人》里面的那个威尼斯吗？"秀芬抢着回答。

小龙也不甘示弱："是那个美丽的水上城市，有西方苏州之称的意大利城市威尼斯吗？"

卡尔大叔笑着回答："孩子们，你们说的都对。威尼斯是一个美丽的水上城市，位于意大利东北部。它四周都是水，只有一条长堤与意大利本土相连。岛上风光迷人、气候适宜、古迹众多、建筑精美，是很多诗人、学者，甚至王室、贵族都很推崇赞美的地方。法兰西帝国的皇帝拿破仑就曾对威尼斯盛赞有加，著名的诗人、戏曲家

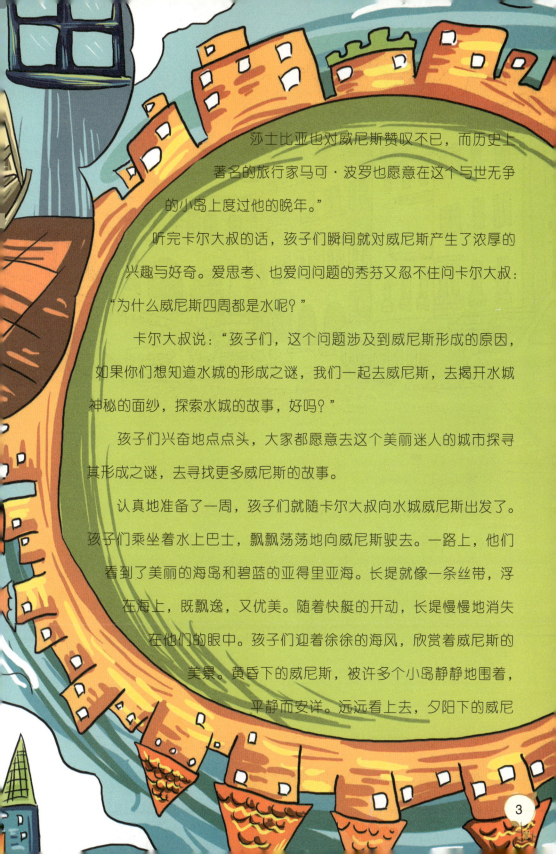

莎士比亚也对威尼斯赞叹不已，而历史上著名的旅行家马可·波罗也愿意在这个与世无争的小岛上度过他的晚年。"

听完卡尔大叔的话，孩子们瞬间就对威尼斯产生了浓厚的兴趣与好奇。爱思考、也爱问问题的秀芬又忍不住问卡尔大叔："为什么威尼斯四周都是水呢？"

卡尔大叔说："孩子们，这个问题涉及到威尼斯形成的原因，如果你们想知道水城的形成之谜，我们一起去威尼斯，去揭开水城神秘的面纱，探索水城的故事，好吗？"

孩子们兴奋地点点头，大家都愿意去这个美丽迷人的城市探寻其形成之谜，去寻找更多威尼斯的故事。

认真地准备了一周，孩子们就随卡尔大叔向水城威尼斯出发了。孩子们乘坐着水上巴士，飘飘荡荡地向威尼斯驶去。一路上，他们看到了美丽的海岛和碧蓝的亚得里亚海。长堤就像一条丝带，浮在海上，既飘逸，又优美。随着快艇的开动，长堤慢慢地消失在他们的眼中。孩子们迎着徐徐的海风，欣赏着威尼斯的美景。黄昏下的威尼斯，被许多个小岛静静地围着，平静而安详。远远看上去，夕阳下的威尼

斯就像一颗蓝宝石，镶嵌在钻石一般的小岛中间，极其华美和浪漫。帅帅小龙他们不禁被眼前的美景所吸引，完全忘了身体的疲惫。

看着孩子们坐在船上认真地观看着海面上的风景，静静地欣赏着一座座形状各异的小岛和连接着小岛颇具特色的桥，卡尔大叔突然问孩子们一个问题："孩子们，你们知道威尼斯一共有多少小岛和桥吗？"

思维敏捷的小龙下一子举起手来，抢着说："小岛是 110 个，桥是 400 座。"

好胜的秀芬说："不对，小岛是 115 个，桥是 402 座。"

卡尔大叔摇摇头，转身问帅帅："帅帅，你知道小岛和桥的数量吗？"

聪明却有点沉闷的帅帅沉思了一会儿，慢慢地说："卡尔大叔，我看过书，书上记载着威尼斯的小岛有 118 个，小桥有 404 座。"

卡尔大叔脸上终于露出了满意的笑容，于是摸了摸帅帅的头，

对孩子们说："帅帅看书看得非常认真，所以他的答案是正确的。威尼斯四周的 118 个小岛，像珍珠般围绕着威尼斯潟湖。每个小岛都用桥连接起来，一共是 404 座桥，风格各异，非常迷人。"

　　卡尔大叔话刚说完，秀芬又想起来威尼斯之前，心中就有的关于威尼斯形成之谜的那个疑问了，于是就问卡尔大叔："威尼斯四周为什么都是水？"

　　卡尔大叔微笑着，告诉秀芬说："威尼斯的外侧被亚得里亚海包围着，内侧是静静的潟湖，威尼斯四周当然都是水呀！"

　　秀芬又问："卡尔大叔，为什么威尼斯有这么多小岛，它们是怎么形成的呢？"

卡尔大叔回答说："威尼斯在很久以前，曾是一片海域。由于海水较浅，随着珊瑚的不断堆积，泥沙、贝壳的不断沉积，日积月累，渐渐地就形成了许多岛屿。这些岛屿中，有的是圆形珊瑚岛，比如说环绕着威尼斯潟湖的那些岛屿。有的是沙石堆积而成的长形小沙洲，最典型的就是利多岛。"

机智的小龙若有所悟地点点头，突然他想到了威尼斯内侧的潟湖是怎么形成的问题。于是，小龙问卡尔大叔："是不是这些岛屿将威尼斯与亚得里亚海分开，所以小岛的内侧就形成了封闭平静的潟湖？"

卡尔大叔很高兴地说："小龙说得对，威尼斯的潟湖确实是由于岛屿将海水和威尼斯分开而形成的，而且由于长期的陆上淡水的注入，潟湖里的水已经淡化成清澈的湖水，可供岛上居民饮用。"

卡尔大叔又转过身问秀芬："你明白了吗？"

秀芬很认真地点点头："卡尔大叔，我已经明白了威尼斯潟湖和威尼斯小岛形成的原因，也明白了威尼斯周围为什么有这么多水。"

可是帅帅不明白，为什么威尼斯周围都是岛和水，却有一条大堤与意大利本土相连呢？沉思了一会儿，帅帅还是决定向卡尔大叔请教。

卡尔大叔回答到："这条长堤全长共四千米，是很早以前，为了方便意大利本土居民与威尼斯居民的联系与往来，人工堆积、填埋而成。"

帅帅明白地点点头："原来大堤是人工建成的，那大堤的建成原理就很类似于荷兰有些海域的填海造陆，只是有的被造成了条状的大堤，而有的却被造成了多边形的陆地。"

孩子们终于明白了威尼斯的形成之谜，这时船已经靠岸了。孩子们经过漫长的旅程终于来到了美丽的威尼斯，等待孩子们的将是一个未知的世界和许多绚烂多姿的故事。

第2章

不会被腐蚀的大木桩

来威尼斯的第二天，孩子们就迫不及待地跑出旅店，想要去欣赏威尼斯美妙的风景。卡尔大叔却并不着急，依旧慢条斯理地计划着第一站该去哪里，选择哪种交通工具。想到威尼斯最主要的美景都分布在主岛上的大运河两岸，卡尔大叔最终决定大家一起去乘坐威尼斯最具特色的水上巴士——贡多拉，一边泛舟大运河，一边欣赏威尼斯的美景。

小船慢慢悠悠地行驶着，就像生活在这里的威尼斯人一样悠闲。在来之前，几个人就了解过，威尼斯人的生活节奏普遍较慢，他们就喜欢慢慢地享受着精致、浪漫、舒适的人生。如今，坐在船上游走在这如诗如画般的水城里，一行人觉得真是太美妙了，就连自己仿佛也

成了这幅风景画里的景致。他们不时拿起相机，拍下行进中的贡多拉。

小船继续行进着，在船夫的介绍下，孩子们决定从大运河驶进小运河，去参观那里别样的风光。不一会儿，贡多拉就轻松灵活地拐进了一条如同北京胡同一样狭窄的小运河里。河的两旁都是古朴的建筑，这里并不像大运河那样热闹，只是不时会有一只贡多拉经过，多半是居民自己驾驶着去买东西或看望朋友的。由于视野突然变小了，孩子们的目光终于聚集到了各式各样的建筑上。

秀芬惊讶地发现，每栋房子的下面都埋着许多根大木桩，每座房子都稳稳地建在这些大木桩上。她还看到，一些桥的下面也同样竖着大木桩，就忍不住问卡尔大叔："这里的房子下面为什么都竖了许多根大木桩呢？"

卡尔大叔微笑着回答："这就是威尼斯人的聪明之处了。因为他们的房子都建在水上，所以必须先在水底打下一些大木桩，这些木桩就是房子的地基。"

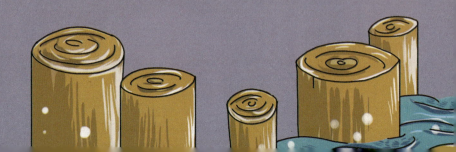

秀芬又问："可是木桩泡在水里不是很容易就被腐蚀了吗？这样看来，威尼斯的房子岂不是很不稳固、很容易垮掉吗？"

卡尔大叔耐心地解释说："不是这样的。别看这些木桩都浸泡在水里，可你想过没有，水里只有很少的氧气，所以深埋在水里的木桩既不会被氧化，也不会被虫蛀，所以反而不容易被腐蚀。相反，这些木桩泡的时间越久，就会变得越坚硬，木桩上面的房子自然也更加稳固。"

小龙听懂了卡尔大叔的话，接着说："我知道，这就是木头的特性。木头在特别干燥的情况下不会被腐蚀，比如被碳化的木桩就是这样。泡在水里的木头同样不会被腐蚀，只有那些既有几分潮湿又有几分干燥的木头才容易被氧化和腐蚀，像人们在热带雨林里砍下的木桩，如果不及时处理，用不了多长时间就会被腐蚀得面目全非。"

卡尔大叔赞赏地点点头："小龙说得对，大木桩就是有这种特性。"

可是，帅帅很想知道，如果每栋房子下面都竖着许多根木桩，那整个威尼斯的水底不就如同一座大森林了吗？可这么多的树，究竟是从哪里来的呢？他虚心地请教了卡尔大叔。

卡尔大叔转身回答："威尼斯水下的木桩大多是从意大利北部的

森林里砍伐而来的。意大利北部的大部分地区都在地中海气候的控制下，那里的夏天阳光十分充足，就连冬季也有充沛的降水，加上土壤肥沃，所以植被生长得十分茂盛。从前，那里生长着一大片繁茂的森林，不过为了修建威尼斯，森林里的树几乎都被砍光了。"

帅帅听完，用力地点了点头，表示自己已经听懂了。可是，又有一个疑问爬上了他的心头，他问卡尔大叔："除了威尼斯，世界上是否还有其他城市也是建在大木桩上的呢？"

卡尔大叔想了一会儿，耐心地告诉他："当然有了。阿姆斯特丹就是其中比较著名的一座城市。它是荷兰的港口城市，也是一座有名的海底城市。那里大概75%的土地都位于海平面以下4米呢！后来，人们进行围海造田，将海水一点点排出，大片的陆地才露了出来。所以，生活在阿姆斯特丹的人们在建房子前也会先打木桩，将地基抬高。他们这样做，一为防洪，二为稳固房屋。你们一定想不到，荷兰有许多标志性建筑都建在木桩上哦！例如，那里的王宫建在13658根大木桩上，火车站建在 8687 根大木桩上，大博物馆也建在过万根大木桩上。阿姆斯特丹还因此被人们称作'木桩上的城市'呢！"

一直听得很认真的秀芬，此时又有问题了。她问卡尔大叔："那阿姆斯特丹的交通工具也是贡多拉吗？"

卡尔大叔听完哈哈大笑，说："阿姆斯特丹人的确曾经把小船作为最主要的交通工具，不过，现在，自行车才是他们最重要的交通工具！因为他们通过填海造陆和排放海水的工程，已经使城市浮出水面，也使陆地露出来了。此外，火车、飞机等现代交通工具也已经走进了阿姆斯特丹人的生活。这也是威尼斯和阿姆斯特丹不同的地方。"

一路上，卡尔大叔一直开心地说笑个不停。不一会儿，小船从狭窄的小运河中驶了出来，关于大木桩的话题也在笑声中结束了。接下来，贡多拉又将载着他们驶向什么地方，他们又将有哪些不一样的发现呢？

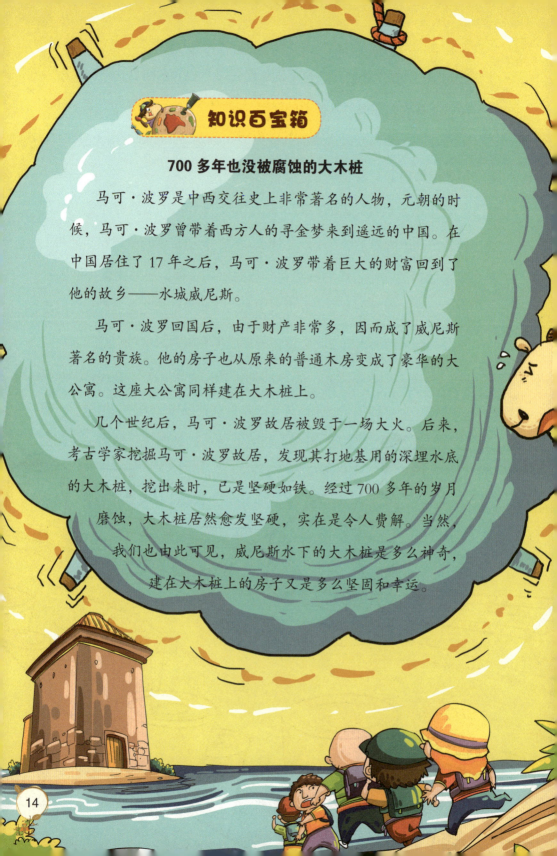

700多年也没被腐蚀的大木桩

　　马可·波罗是中西交往史上非常著名的人物，元朝的时候，马可·波罗曾带着西方人的寻金梦来到遥远的中国。在中国居住了17年之后，马可·波罗带着巨大的财富回到了他的故乡——水城威尼斯。

　　马可·波罗回国后，由于财产非常多，因而成了威尼斯著名的贵族。他的房子也从原来的普通木房变成了豪华的大公寓。这座大公寓同样建在大木桩上。

　　几个世纪后，马可·波罗故居被毁于一场大火。后来，考古学家挖掘马可·波罗故居，发现其打地基用的深埋水底的大木桩，挖出来时，已是坚硬如铁。经过700多年的岁月磨蚀，大木桩居然愈发坚硬，实在是令人费解。当然，我们也由此可见，威尼斯水下的大木桩是多么神奇，建在大木桩上的房子又是多么坚固和幸运。

第3章

水上明星——贡多拉

今天，卡尔大叔给孩子们带来了一个好消息——威尼斯当地的居民要邀请他们共进晚餐，地点就是建在大木桩上的房子。听到这个好消息，几个孩子兴奋了好久，从早上就一直期待着夜晚的到来。

晚餐的时间终于到了，三个孩子来到了主人的家中，受到了非常热烈的欢迎。晚餐非常丰盛，主人为他们准备了许多威尼斯的特色菜，有小龙喜欢吃的柠檬土豆饼，有秀芬爱吃的蛤蜊意大利面，还有帅帅最喜欢吃的意大利茄汁烩肉饭。晚餐结束后，孩子们一起站在主人家的阳台上，观赏威尼斯的夜色。威尼斯的夜色真是太美了，在灯光的照耀下，大运河看上去就像是一条静卧在威尼斯水面上的游龙。水面上到处都是来往的船只，其中既有快艇，又有贡多拉。如果将快艇形容成行色匆匆的上班族，那贡多拉就好比是一个行动缓慢的老者。快艇的节奏虽快，却很容易使人只注意目的地而忽略了沿途的

风景。贡多拉却可以让人在不徐不急的行进中慢慢体会这座城市的文化、历史和美景。一条条来往穿梭的贡多拉，就像是一条条欢快的鱼儿，在威尼斯的水面上自在地游玩。夜幕下的贡多拉，像水上明星一样引人注意。

　　秀芬一边静静地欣赏着夜光下的威尼斯，一边回忆着白天乘坐贡多拉的情景。贡多拉简直就像是一条灵活自如的大鲸鱼，虽然体形小巧，行驶速度却不慢，而且非常灵活，再狭窄的河道它也能轻松地穿过去。可是，秀芬心里一直有个疑问，她以前看到的小船都是靠双桨滑动的，而贡多拉却只有一支桨。贡多拉是怎样靠一只单桨保持平衡并划动的呢？她终于忍不住向小主人问出了心底的疑惑。

小主人告诉秀芬："那是因为威尼斯的先人们特别聪明。他们将贡多拉的底部设计成了不对称的形状。所以，别看贡多拉只有单桨，它一样能保持平衡，而且行动起来特别灵活。"

看来贡多拉还真是很神奇，秀芬不由在心里佩服地点点头。

小龙也向小主人提了一个关于贡多拉的问题："我听说贡多拉也

叫'水上法拉利'，可它的行驶速度怎么能和法拉利相比呢？"

　　小主人微笑着回答说："贡多拉的行驶完全是靠人力划动船桨实现的，而法拉利车上安装着顶级的发动机，所以它们的行驶速度肯定是没有任何可比性的。事实上，贡多拉的行驶速度不仅不快，甚至连快艇的速度都达不到。"

　　这可把帅帅听糊涂了："贡多拉的行驶速度不快，那为什么还会被人们称为'水上法拉利'呢？"

　　小主人耐心地回答说："这当然是有原因的了。贡多拉的两端高高翘起，外形十分精美。为了帮它上漆，威尼斯的造船者需要反复喷 7 次漆才行。这使得贡多拉除了拥有颜色光亮的外表，还具有防水的功能。贡多拉内部装饰也十分豪华，船板上铺着红地毯，地毯上还放有皮质的坐垫，坐进去特别舒服，就像是坐在豪华轿车的椅子上。另外，贡多拉造价高昂，游人乘坐的价钱也是不便宜的，所以人们才叫它'水上法拉利'。"

　　听完小主人的解释，几个孩子终于理清了头绪。原来，贡多拉被叫做"水上法拉利"，不是因为它行驶的速度快，而是因为它像法拉利一样舒适，一样造价高昂。

可是在很多国家，这种用来吸引游客的小船都被漆上了好看的颜色，唯独贡多拉全被漆成了清一色的黑色。秀芬不解地问："威尼斯的贡多拉为什么都是清一色的黑色呢？"

女主人听了秀芬的疑问，回答她："过去，贡多拉也曾经被漆成各种颜色，并被制成各种奇特的造型。但是，在16世纪时，威尼斯的贵族们为了凸显自己的财富和地位，便争相建造非常华美的贡多拉，并在里面放上各种艳丽、奢靡的饰品。为了遏制这种炫耀财富、浪费钱财的虚荣风气，威尼斯的元老院便颁布了一项法令，禁止他们再对贡多拉进行炫耀式的装饰，至于已经安装的，也必须拆掉。所以现在的贡多拉都是清一色的黑色了。"

帅帅比较担心贡多拉的现状，因为他从书上了解到，现在，威尼斯的贡多拉只剩下几百条了，这个数目甚至只及18世纪的二十分之一。他担心地问："贡多拉的数量如果一直减少下去，会不会有一天就从威尼斯彻底消失了呢？"

听了帅帅的担忧，女主人温柔地说："别担心。在我们威尼斯，还有一个叫做圣特洛瓦索的小船厂一直在坚

持制造贡多拉，并且能为贡多拉提供修理服务。所以贡多拉还是能够得到延续和传承的。"

听了主人们的话，孩子们心里关于贡多拉的疑惑总算全部解开了。

这时，尤丝小姐也过来接他们了，同主人道别后，几个孩子就同尤丝小姐一起走上了回旅馆的小路。他们今天真是愉快极了，不仅吃到了丰盛的晚餐，欣赏了威尼斯美丽的夜景，还学到了那么多关于贡多拉的知识。最重要的是，三个孩子还跟小主人交了朋友。夜晚的月光像流水一样轻轻地泻在孩子们微笑的脸上，但愿孩子们今晚都能有个好梦！

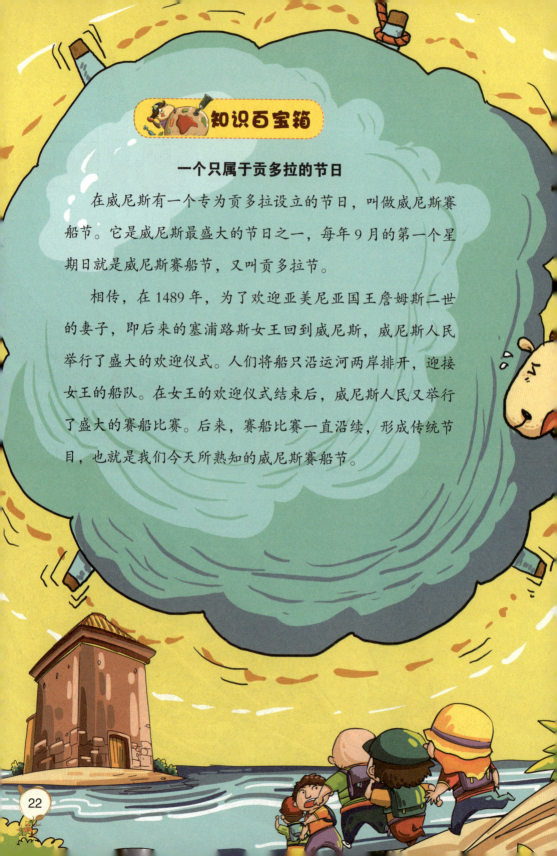

知识百宝箱

一个只属于贡多拉的节日

在威尼斯有一个专为贡多拉设立的节日，叫做威尼斯赛船节。它是威尼斯最盛大的节日之一，每年9月的第一个星期日就是威尼斯赛船节，又叫贡多拉节。

相传，在1489年，为了欢迎亚美尼亚国王詹姆斯二世的妻子，即后来的塞浦路斯女王回到威尼斯，威尼斯人民举行了盛大的欢迎仪式。人们将船只沿运河两岸排开，迎接女王的船队。在女王的欢迎仪式结束后，威尼斯人民又举行了盛大的赛船比赛。后来，赛船比赛一直沿续，形成传统节目，也就是我们今天所熟知的威尼斯赛船节。

第4章

世界上最美的广场
——圣马可广场

　　早餐时，卡尔大叔提出了一个问题："孩子们，你们知道世界上最美的广场是哪个吗？"

　　秀芬不假思索地回答："是法国的协和广场吧？它可是由法国极其有名的建筑师卡布里埃尔设计的，它的建设表达了法国人民对和平的向往和热爱。协和广场的中心立有一尊路易十五骑在马背上的戎装塑像，这个广场是法国最著名的广场，也是世界上最美的广场之一。"

　　听完秀芬的话，卡尔大叔笑了笑，又转过身去问史小龙："小龙，你觉得世界上最美的广场是哪个？"

　　史小龙说："我认为世界上最美的广场应该是英国的特拉法尔加广场。这个广场的建筑极其美丽，因此每年都会吸引无数来自世界各地的游客前去观赏，它应该就是世界上最美的广场吧？"

　　听小龙说完，卡尔大叔依旧笑而不语。看来这个问题还真把孩子们难倒了，看到帅帅也是一脸疑惑的表情，卡尔大叔决定不再卖关子了。他说："秀芬和小龙刚刚提到的都是世界上最美的广场之一，而威尼斯同样有一座世界上最美的广场哦！它就是圣马可广场。这座广场中有大量精美的艺术品和建筑物，最重要的是，它们都是在文艺复兴时期留下来的。你们都知道拿破仑吧？他足够见多识广了吧？可就连他都将圣马可广场形容成'欧洲最美的客厅'及'世界上最美的广场'呢！"

卡尔大叔话音刚停，方才一直沉默的帅帅就兴奋地问："既然威尼斯就有一座世界上最美的广场，我们干吗不一起去参观一下呢？"

卡尔大叔同意了帅帅的提议，吃完早餐后，就带着孩子们一起去圣马可广场参观。

刚来到广场的入口处，孩子们的目光就被眼前两根高大的柱子吸引了。这两根柱子上分别刻有一只狮子和一个男人，秀芬看了半天，实在是不明白这其中的内涵，便问卡尔大叔："柱子上面的狮子和男人分别代表着什么？"

卡尔大叔开心地说："那个狮子叫做飞狮，是威尼斯的代表和象征。而那个男人则是威尼斯最早的守护神圣狄奥多。"

顺着入口的左边望去，史小龙看到了一个古老的铸币工厂，他在书上看过，知道它是由威尼斯著名的设计师圣所维诺设计并建造的。可是他心中同样有一个疑问："卡尔大叔，威尼斯人现在使用的钱币也是在这里制造的吗？"

卡尔大叔笑了笑，说："这个铸币厂建于1537年，但是在1870年，它就正式停止为威尼斯人铸造钱币了。现在，威尼斯人使用的货币是由欧洲中央银行和各欧元区国家的中央银行制造发行的欧元。"

史小龙有所领悟地点点头，又同帅帅和秀芬一起朝东边走去。在广场的东侧，他们看到了庄严的圣马可大教堂和辉煌的四角形钟楼。不断有

鸽子从圣马可广场的上空飞过，小龙兴奋极了，不停用面包渣喂着这些飞来飞去的鸽子。戴着奇异面具的小丑走了过来，围着帅帅唱歌、跳舞，帅帅很开心地为他拍下了许多张照片。

　　看到孩子们玩得那么开心，卡尔大叔也很高兴。不过，他更愿意孩子们去参观广场的西侧，因为西侧既有威尼斯共和国政府存在的象征——总督府，又有圣马可图书馆。圣马可图书馆里珍藏了大量文艺复兴时期留下的珍贵文献资料和许多关于威尼斯的历史古籍。他很希望孩子们能去圣马可图书馆转一转，增长点知识，也更多地了解下威尼斯的历史。

逛完东西两侧，孩子们在卡尔大叔的带领下，来到了广场的北侧。这里有一栋大楼，卡尔大叔介绍说，这座楼名叫旧会议室大楼，曾是威尼斯共和国政府要员们开会商讨大事的地方。

看着威尼斯广场周围精美的建筑，孩子们深深地感叹于它们独特的风格和一流的设计，由衷地发出了赞美。史小龙对卡尔大叔说："我刚在图书馆了解到，圣马可广场不仅拥有这些美丽的建筑，更是威尼斯政治、节庆、宗教的中心。所以，它被称为'世界上最美丽的广场'，这绝对是实至名归的。"

卡尔大叔赞同地点了点头。想到大家都刚参观完圣马可图书馆，便想考一考孩子们对威尼斯历史的了解情况。他问："孩子们，你们知道人们为什么把圣马可广场建设得这样有规模，以至于让它成了威尼斯的众多中心吗？"

帅帅想了想，说："在 1177 年，威尼斯发生了一件大事，教皇亚历山大三世和罗马帝国的皇帝菲特烈一世在威尼斯举行了一次会面。为了欢迎这两位伟大的人物，威尼斯人民就对威尼斯广场进行了扩建和重新设计。因而，威尼斯广场才变得像今天这样雄伟壮观。"

听完帅帅的回答，卡尔大叔高兴极了，夸奖帅帅是个认真读书的好孩子。秀芬却羞红了脸，因为她刚才并没有认真了解威尼斯的历史，因而没能准确地回答上这个问题。尽管心里有些难受，但秀芬还是想做一个诚实、虚心的好孩子。她还是决定向卡尔大叔请教自己心中的疑问，她问卡尔大叔："圣马可广场是威尼斯的众多中心，在地理位置上，也同样位于这座城市的中心，那它为什么不像其他广场那样喧闹呢？"

卡尔大叔笑着回答秀芬："这是因为威尼斯是一座水上城市，它主要的交通工具是船。船在光滑的水面上行驶，自然不会像汽车在公路上行驶那样发出巨大的摩擦声。而且，船也不会发出汽车那样巨大的机器轰鸣声。这就是圣马可广场比其他广场安静的原因。"

秀芬听懂了，高兴地点了点头。哼着快乐的歌曲，一行人不知不觉又逛到了圣马可广场的入口处，迎接他们的还是那两根大柱子。走出圣马可广场，孩子们的心里都比来时多了一些东西，因为他们在圣马可广场不仅参观到了古迹，观看了众多精美的建筑，还在圣马可图书馆了解了许多关于威尼斯的历史，心里别提多充实了。

第5章

美丽的忧伤
——叹息桥

这天早上，孩子们都坐在沙发上翻阅威尼斯的地图，小龙惊奇地发现威尼斯有个名叫叹息桥的地方。他记得，在英国剑桥大学的康河之上，也有一座叹息桥。那座叹息桥极其秀丽、别致，就连英国女王维多利亚都对它赞不绝口。现在发现威尼斯居然也有一座与之同名的叹息桥，小龙实在是很想知道这座叹息桥长什么样子，同英国的叹息桥又有什么区别。于是，他向卡尔大叔提议："卡尔大叔，我们今天去参观威尼斯的叹息桥好吗？"

卡尔大叔思忖了一会儿，便问其他两个孩子："小龙今天想去参观威尼斯的叹息桥，帅帅、秀芬，你们也同意吗？"

秀芬问："是那座位于圣马可广场附近的巴洛克风格的石桥吗？"

卡尔大叔点点头说："是的，正是总督府侧面的那座石桥。"

听卡尔大叔这么说，帅帅和秀芬都点了点头，表示愿意去。于

是，在同尤丝小姐告别后，卡尔大叔就带着他们去了叹息桥。

叹息桥的造型非常奇特，远远看去，它的外表就像一座白色的房子，雕刻得十分精美。桥是封闭式的，整座桥只有一面有窗子。不过，几个世纪以来，这些窗子一直密闭着，既不通风，光线也不是很好。透过这个窗子，行人只能看到蓝天和圣马可广场边上的那条小河。除此之外，就只能看到粗粗的铁栅栏。

走过叹息桥，孩子们不由得都生出了一种重获自由的感觉。因为桥内密不透气，所以给人的感觉很是沉闷和压抑。终于走出来了，孩子们赶紧深深地呼吸了一口新鲜的空气，心里也瞬间轻松了不少。原来这就是游叹息桥的感觉，虽然还是不知道它为什么叫叹息桥，可是桥上那压抑、沉闷的气氛，还真让人有种想叹息的感觉。

长长地舒了一口气后，秀芬忍不住问卡尔大叔："叹息桥的建造

者为什么把它建得这样密不透风呢？"

卡尔大叔回答说："那是因为叹息桥的左侧就是威尼斯监狱，那里是关押囚犯的地方，这座桥是囚犯走向监狱的必经之地。所以，为了防止死囚从这座桥上逃走，人们就把这座桥建得密不透风，还用粗粗的铁栅栏围着它。"

可是，秀芬还有一件事想不明白："那它为什么被叫做叹息桥呢？"

卡尔大叔微笑着回答说："据说，威尼斯监狱里关押的囚犯都会被处以死刑。这些囚犯在经过这座桥时，想着即将要结束的生命，再回想起自己的一生，都会忍不住发出叹息，所以这座桥就被人们叫做'叹息桥'了。"

秀芬总算彻底明白了叹息桥名字的含义。

参观完叹息桥，小龙突然想起了之前就有的疑问："威尼斯的叹息桥和英国的叹息桥到底有哪些不同呢？"

卡尔大叔告诉小龙："首先，这两座叹息桥在外形上就有很大的不同。英国的叹息桥两端对称，整体呈淡黄色。而威尼斯的叹息桥，就像我们看到的，它的外形像一座房子，而且由白色的大理石建造而成，所以看上去是白色的。其次，这两座桥被叫做叹息桥的原因也是不同的。威尼斯叹息桥的形成原因你们已经知道了。至于英国的叹息桥，它得名的原因是学生们考试失败后都会跑到桥上去叹息。另外，这两座桥被赋予的内涵也不同。威尼斯叹息桥不仅是司法执行过程

中的一部分，还被人们视为爱情天长地久的象征。而英国的叹息桥则是知识的桥梁，是学生们不断激励与反省自己的地方。"

听完卡尔大叔耐心的讲解，小龙心里的疑问一下子就消失了。

帅帅想到一个自己读过的关于叹息桥的古老传说，便讲给秀芬和小龙听。他说："相传，曾经有一个死囚，他经过叹息桥时，忍不住想透过桥上那唯一的窗户，最后看一眼自由的蓝天和小河。但是，他却看到了令他心碎的一幕——他最心爱的女子正坐在贡多拉上，同一名陌生的男子拥吻。这名死囚的心碎了，他觉得再没什么值得自己留恋了，便绝望地用自己的头撞向了叹息桥。不过，他绝望的叫声并没有穿透这座密不透风的桥，他的血也没能穿透这座桥。他的情人没有听到他最后发出的绝望的叫声，桥上只剩下一摊血和一具尸体。"

听完这个悲伤的故事，小龙和秀芬不禁悲从中来。一方面感动于这个死囚的深情，另一方面又为这种结局感到悲伤。

可是，令小龙感到不解的是："既然叹息桥的

历史和传说都如此悲伤，为什么所有乘坐贡多拉的情侣还要在叹息桥下拥吻呢？"

卡尔大叔耐心地为孩子们解答说："因为这个故事经过很多代威尼斯人不断地口耳相传，已经逐渐丢弃了悲伤的成分，慢慢演变成了象征永恒的神话。所以，后来人们相信，情侣们如果能够在叹息桥下拥吻，就能够获得天长地久的爱情。所以，但凡来威尼斯的情侣，都要到叹息桥下拥吻，企盼自己能够得到天长地久的爱情。"

小龙点了点头，惊讶于悲伤的传说竟能变成永恒的神话。

虽然知道叹息桥已经变成了永恒的象征，但孩子们悲伤的心情依旧没有完全散去。此时，远远再看一看叹息桥，孩子们深深地觉得，夕阳下的它，简直就像是一个冰冷的女神。它的桥体是由漂亮的白色大理石铸造的，上面还刻有那么多精美的图案。它是那么美丽，可所有关于它的传说和历史却又是那么悲伤。就连淡淡的月光，仿佛也沾染上了一丝叹息桥的忧伤，令几个孩子感觉冰冷冰冷的。不过，回到旅馆后，当尤丝小姐端上热腾腾的饭菜时，孩子们一下子又感受到了家的温暖。他们在餐桌上不停地讨论着关于叹息桥的传说。真不知道，今晚，在他们的梦中，叹息桥的身影是不是也会出现呢？

康河之桥为何叹息

英国剑桥大学最有名的桥当属位于康河之上的叹息桥了。椭圆形的桥拱上，竖立着浅黄色的桥体。整座桥有三层，桥的两端连接着两栋教学楼，桥上建有相互对称的玻璃窗，是专门用于采集康河上美丽的阳光的。

关于这座叹息桥名称的来由，大致有两种说法：一种说法是剑桥大学的学生平时不努力学习，结果考试挂科，拿不到毕业证，便来到桥上叹息，这座桥因此而得名；另一种说法是剑桥大学的学生因为做错事情，受到了处罚，所以来到桥上反省、叹息，这座桥才因此得名叹息桥。

后来，英国政府否定了叹息桥得名于学生受到处罚后去桥上叹息的说法。因此，人们相信，这座叹息桥名字的由来更有可能是前者。

又是一个愉快的周末，美丽的清晨、明亮的阳光、清新的空气，为一行人带来了愉悦的心情。今天，卡尔大叔决定带孩子们去有着"世界玻璃之都"之称的慕拉诺岛看看，去欣赏一下世界上最为精致、最为浪漫、也最为美丽的玻璃制作工艺。

刚踏上小岛，孩子们的目光便立刻被各种玻璃商店所吸引。他们抑制不住内心的兴奋，立即走进一家商店，欣赏店里琳琅满目的玻璃制品。史小龙惊讶地看着那些色彩斑斓、形态各异、图案精致的玻璃工艺品，简直不敢相信。秀芬也目不转睛地盯着那些栩栩如生的玻璃制品。它们晶莹剔透，有的被制成了一颗沾上露珠的葡萄；有的被制成葫芦状；有的则被制成了小动物。不少玻璃制品的做工从形状到图案，再到颜色都很复杂，且极其精美，有的被制成了水晶杯和玻璃杯，简约中不失高雅；有的被制成了花瓶，造型精致，风格各异。其

中，最为高贵华美的当属水晶吊灯了。听店员们介绍，它们有的被装饰在奢华的欧洲王宫，有的被装饰在庄严的基督教大教堂里。帅帅兴奋地拿着相机不停地拍着，既拍这些美丽的玻璃工艺品，也拍商店里的顾客。

看着孩子们欣赏得不亦乐乎，卡尔大叔提出了一个建议："孩子们，既然你们都对玻璃工艺品这么感兴趣，不如我们去玻璃作坊参观一下这些玻璃工艺品的制作过程，怎么样？"

三个孩子都举双手赞成，非常高兴。

一行人来到了当地的一家玻璃作坊。刚进入玻璃作坊，温度很高的热气一下子扑面而来，孩子们觉得仿佛走进了炼钢厂一般。紧接着，他们看到了被火烧得通红的炉膛，炉膛里，玻璃熔浆正不停地翻滚着。只见玻璃工匠迅速地用一根铁管从炉膛里取出一堆玻璃熔浆，然后就开始动作麻利地对着玻璃吹气，并不时用钳子在玻璃熔浆上夹着。不一会儿，玻璃熔浆就被吹出了各种形状。等到玻璃熔浆冷却了，一件栩栩如生、精致华美的玻璃工艺品就诞生了。

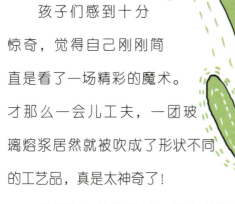

孩子们感到十分惊奇，觉得自己刚刚简直是看了一场精彩的魔术。才那么一会儿工夫，一团玻璃熔浆居然就被吹成了形状不同的工艺品，真是太神奇了！

目不转睛地盯着这一神奇的制作过程，秀芬忍不住问卡尔大叔："我听说，威尼斯人制作玻璃品主要有两种工艺，分别是热工艺和彩棒工艺。这两种工艺都是如何制作玻璃的呢？"

卡尔大叔认为秀芬的这个问题提得非常有水平。因为能提出这样的问题，说明秀芬曾经认真了解过威尼斯的玻璃工艺。

于是，卡尔大叔就很耐心地回答："热工艺是在极热的环境下制造玻璃的一种工艺，我们现在看到的从热炉膛里取出玻璃熔浆吹玻璃制品的工艺就是热工艺；而彩棒工艺是玻璃工匠在玻璃熔

浆里插入各种彩棒，然后再根据不同的要求，制出各种形状不同的玻璃制品的工艺。"

秀芬认真地点了点头，表示自己听懂了。可是，聪明的威尼斯人居然能够将这么脆弱、易碎的工艺品制作得如此美丽、如此丰富、如此精致，秀芬仍忍不住发出了惊叹。

史小龙也有问题："世界上有很多种先进工艺都被传到了世界各地，像那些顶级的技艺，由于购买的人多，就更容易被传到世界各地了，中国的造纸术就是这样。慕拉诺岛的玻璃工艺品如此独一无二，它的制作技艺为什么没有从威尼斯走向世界呢？"

卡尔大叔耐心地解释说："慕拉诺岛上的居民世世代代

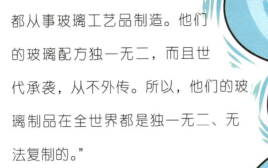

都从事玻璃工艺品制造。他们的玻璃配方独一无二，而且世代承袭，从不外传。所以，他们的玻璃制品在全世界都是独一无二、无法复制的。"

卡尔大叔的话刚说完，史小龙又接着问："物以稀为贵，那像这样独一无二又精美的手工艺品，价格是不是很贵呢？"

卡尔大叔回答说："慕拉诺岛被誉为'世界玻璃之都'，在中世纪的欧洲，慕拉诺岛的玻璃工艺制品一直深受欧洲贵族们的喜爱，近年来，这里的玻璃工艺制品已经被评为世界顶尖的玻璃工艺品。不过，并不是所有的玻璃工艺品都很昂贵，像有些样式简单的、适用于当地老百姓日常生活的玻璃制品，价格还是比较合理的。"

帅帅终于放下了手中的相机，

因为他心中也有疑惑。他问卡尔大叔："我们都知道，玻璃制品一般都是易碎的，可是慕拉诺岛的玻璃工艺品却不易碎，就连不小心摔到地上也完好无损，这是什么原因呢？"

卡尔大叔笑着告诉帅帅："这是因为慕拉诺岛的工匠们非常聪明，将一些金属成分加入到了玻璃熔浆中，这样，他们生产出的玻璃制品就变得非常坚硬了。依照同样的办法，工匠们在玻璃熔浆中加入石英，就得到了晶莹剔透、光彩夺目的水晶制品。"

了解了慕拉诺岛的玻璃工艺，又得知有些玻璃工艺品的价格还是比较合理之后，孩子们商量着要为尤丝小姐买一个玻璃工艺制品作为礼物，以表达他们对尤丝小姐的感激之情。正商量着，孩子们看到工匠正在制作一个小老虎，只见他先是对着钢管吹了一会儿，又用钳子不断地夹出虎脚、虎头和虎尾巴。没一会儿，一头活灵活现的玻璃小老虎就制成了。孩子们决定，就买这只小老虎送给尤丝小姐。在回去的路上，三个孩子期待着看到尤丝小姐收到礼物后欣喜的表情，他们也会很高兴的！

知识百宝箱

威尼斯的玻璃都来到了慕拉诺岛

查阅了威尼斯图书馆的图书，孩子们发现，威尼斯并不是从一开始就有玻璃制造工艺的。原来，威尼斯的玻璃制造技艺是地中海和中东地区的难民在逃难至威尼斯时，带到威尼斯的。

由于威尼斯主岛上的玻璃工厂都为木质结构，因而工厂内经常发生大火。后来，威尼斯政府便规定将威尼斯主岛上的玻璃制造工厂全部搬至慕拉诺岛。

威尼斯当地的居民非常聪明，经过他们的改造，玻璃制造工艺不断地进步。这些玻璃工艺制品造型精美，水平也居世界顶尖位置。慕拉诺岛也因其玻璃制造工厂和商店之多、玻璃工艺品数量之庞大、玻璃制作水平之先进成为"世界玻璃之都"。

童话之岛
——布拉诺

第7章

游玩完玻璃之都慕拉诺岛，卡尔大叔决定带领孩子们去往下一站——童话之岛布拉诺岛。乍一听，这两个小岛的名字很是相似。实际上，它们在地理位置上也非常接近。除此之外，这两个小岛还同样因为手工艺品而闻名世界，慕拉诺岛最受欢迎的手工艺品主要是玻璃制品，布拉诺岛最主要的手工艺品则是蕾丝。从主岛威尼斯到布拉诺岛，一共要经历 7 个小时的航程。另外，游客们无法乘船直接到达布拉诺岛，需要在慕拉诺岛转一次船。从这个意义上讲，这两座小岛简直就像是一对姊妹岛，既相亲相近，又相惜相怜。

　　一行人刚一登上小岛，就被眼前美丽的景象惊住了。岛上所有的房子都被涂上了斑斓的色彩。几个孩子觉得，自己仿佛是一下子进入了童话世界。到处都是丰富、鲜艳的色彩，孩子们的眼里、心里、脑海里，甚至是呼吸里都被这些色彩填满了。最神奇的是，这些色彩里

仿佛还带着一种甜甜的味道，就像是童话中幸福的味道。这一刻，孩子们终于明白，布拉诺岛为什么被称作童话之岛了。他们都兴奋极了，帅帅更是举着他的相机对岛上的房子拍个不停，生怕错过这里的任何一种颜色。

最令三个孩子感到惊奇的是，在布拉诺岛上，每一座房子的颜色都是独一无二的，他们竟然找不出两座颜色相同的房子。站在这里，孩子们仿佛突然间置身在了一个大染坑，什么颜色都能找到。

看着眼前的一切，秀芬忍不住问卡尔大叔："布拉诺岛的房子为什么都被涂上了五彩斑斓的颜色呢？"

自从登上布拉诺岛，卡尔大叔的心情也非常愉快，他微笑着回答秀芬："在很久以前，布拉诺岛的政府就颁布了一项很特殊的规定，要求居民每年都将房子粉刷成鲜艳的颜色，而且每一座房子的颜色都要和别人的不一样。"

史小龙突然想起了一个关于布拉诺岛的传说，赶忙讲给大家听："关于这些房子的颜色我还听说过另一个传说。据说，在很久以前，布拉诺岛上的居民普遍以打渔为生，男人们经常要出海捕鱼。于是，在丈夫出海前，妻子就和丈夫一起将房子染成了漂亮的颜色。这样，丈夫捕鱼归来时，远远就能看到自家的房子，心里就会觉得特别温馨。"

听完史小龙的讲述，秀芬不由得从心底发出了感叹："原来，这里每一座房子的背后，都寄托了妻子对丈夫的祝福和丈夫对妻子的思念，这是多么温馨、多么感人啊！"

"呵呵，你们知道吗？真正让布拉诺岛举世闻名的并不是这些美丽的房子和传说，而是这里独特的手工制品——蕾丝。"尤丝小姐用手抚了一下头发，说，"咱们现在就去布拉诺岛的主街——巴尔达萨加鲁皮大街逛逛吧！那条街上到处都是漂亮的蕾丝商店。"三个孩子高兴地答应了，跟随卡尔大叔和尤丝小姐向巴尔达萨加鲁皮大街走去。

走进一家蕾丝商店，孩子们仿佛看到了一个纯白、飘逸、充满美丽传说的童话世界。每件蕾丝都被编织得既精致又漂亮，据店员介绍，它们有的用于装饰台灯，有的用于装饰服装，还有的用于装饰太阳伞……真是美不胜收。当一件装饰着蕾丝的婚纱出现在几个孩子面前时，他们瞬间就被震撼了，该怎样形容这件婚纱呢？精致？华美？高贵？大气？真是任何词汇都不足以形容它的美！

看着这些美丽的蕾丝，帅帅忍不住问卡尔大叔："据我所知，世界上每个国家的人几乎都懂得编织蕾丝，为什么只有布拉诺的蕾丝这么有名呢？"

卡尔大叔回过头，耐心地回答："这就要归功于布拉诺岛岛民的聪明才智喽！他们发明了一种独特的蕾丝编织法，叫做六角网眼编织法。这种编织方法极其复杂，共分7道工序，是将丝线、麻线、金属线等线条编织在一起。你们可能想象不到，一个看似很简单的图案，往往需要几百只小梭接连完成编、结、绕等多种工序才能编出。所以，这里的蕾丝才受到了全世界人民的赞赏。在中世纪时，欧洲的贵族们都视布拉诺岛的蕾丝为珍宝，就连路易十六、维多利亚女王、玛丽皇后也对它们称赞不已，宠爱有加。"

解答完帅帅的疑问后，卡尔大叔又带着三个孩子来到了玛格丽特王妃蕾丝学校，这里就是全世界最著名的蕾丝博物馆。博物馆到处都是品质极高、价值连城的蕾丝手工艺品，这些工艺品看上去既精美又高贵典雅。由于做工复杂，又独一无二，所以它们早已超越了自身的价值，成

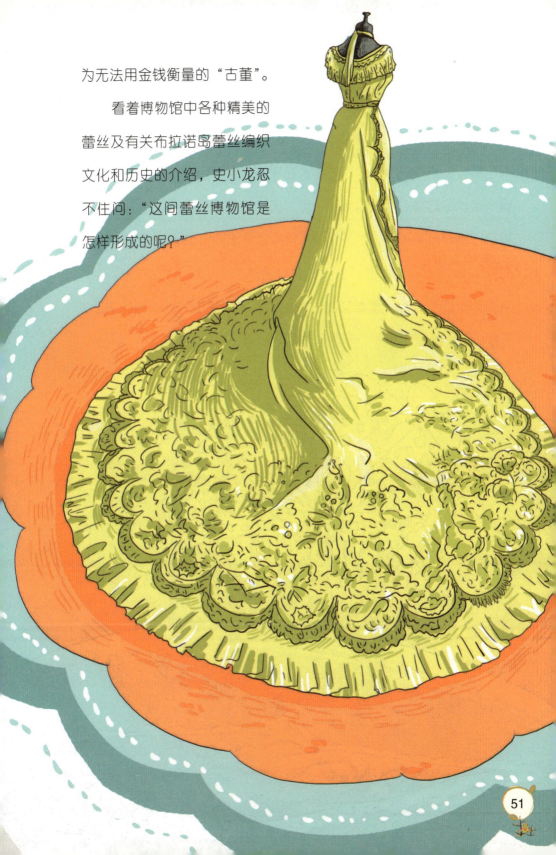

为无法用金钱衡量的"古董"。

看着博物馆中各种精美的蕾丝及有关布拉诺岛蕾丝编织文化和历史的介绍，史小龙忍不住问："这间蕾丝博物馆是怎样形成的呢？"

尤丝小姐转过身，说："要说这间博物馆的形成，就得从一个叫巴欧罗的人说起了。他最先意识到了布拉诺岛蕾丝编织工艺的精美，便决定将这种工艺引入学校。他的这种想法得到了王妃的大力支持，玛格丽特王妃蕾丝学校就这样建了起来。这所学校将布拉诺岛上善于编织蕾丝的妇女们都集中到了一起，因此极好地保存了这门工艺，并将它一直流传了下来。后来，这所学校才慢慢变身成了蕾丝博物馆。"

听着尤丝小姐的讲解，孩子们对蕾丝博物馆又有了进一步的了解，对布拉诺岛及其蕾丝文化的感悟也进一步地加深。回去的路上，孩子们的欢声笑语不断，车厢里洋溢着满满的幸福。

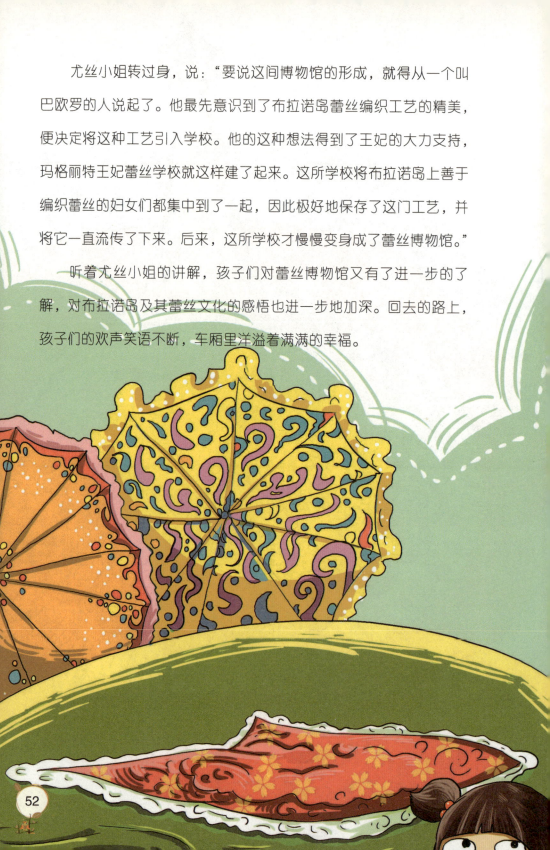

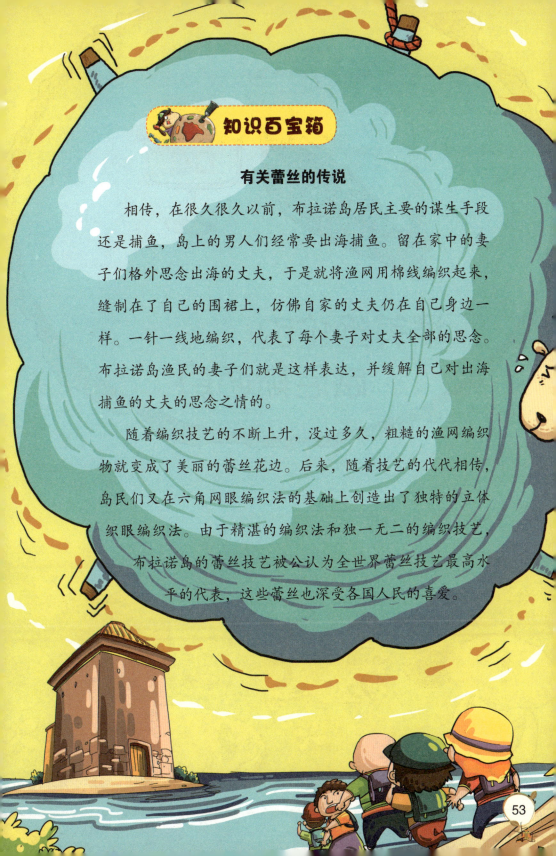

知识百宝箱

有关蕾丝的传说

相传，在很久很久以前，布拉诺岛居民主要的谋生手段还是捕鱼，岛上的男人们经常要出海捕鱼。留在家中的妻子们格外思念出海的丈夫，于是就将渔网用棉线编织起来，缝制在了自己的围裙上，仿佛自家的丈夫仍在自己身边一样。一针一线地编织，代表了每个妻子对丈夫全部的思念。布拉诺岛渔民的妻子们就是这样表达，并缓解自己对出海捕鱼的丈夫的思念之情的。

随着编织技艺的不断上升，没过多久，粗糙的渔网编织物就变成了美丽的蕾丝花边。后来，随着技艺的代代相传，岛民们又在六角网眼编织法的基础上创造出了独特的立体织眼编织法。由于精湛的编织法和独一无二的编织技艺，布拉诺岛的蕾丝技艺被公认为全世界蕾丝技艺最高水平的代表，这些蕾丝也深受各国人民的喜爱。

第8章

精美绝伦的
威尼斯面具

这天早上，秀芬突然找出了上次在贡多拉上购买的一只面具。秀芬调皮地戴上面具，让帅帅和小龙猜她藏在面具下的表情。史小龙猜秀芬是在笑，但秀芬揭下面具后却露出了一副非常苦闷的表情。帅帅猜秀芬在哭，面具下的秀芬却正在扮鬼脸，逗得帅帅和小龙哈哈大笑。看到他们这么开心，卡尔大叔和尤丝小姐也被这种快乐的气氛感染了，卡尔大叔说："孩子们，既然面具能让你们这么快乐，不如我们今天就去逛商店，好好欣赏一下威尼斯的面具，好吗？"

三个孩子马上高兴地同意了，恨不得立刻就跑到商店，买个面具戴在脸上。

终于来到了面具商店，孩子们透过橱窗，看到里面展示的各种各样的面具，眼睛都放光了。帅帅的注意力首先被一种做工十分精美，

而且非常华丽的面具吸引了。这种面具是镂空的，上面镶上一颗颗闪亮的钻石，还点缀着金灿灿的荧光粉。卡尔大叔告诉他，这种面具是上等的工艺品，一般都是作为收藏用的，价格也不菲。卡尔大叔又指向另一旁的面具说："你们看这些面具，它们的做工比较简洁，只有单纯的颜色，但整张面具充满了线条美，而且这种简单的造型十分实用。这种面具很受当地居民的喜爱，我们在大街上会看到当地居民们戴得最多的也是这一类的面具。"

看着这些风格各异、颜色艳丽又做工精致的面具，史小龙兴奋得手舞足蹈，帅帅也用相机将每张面具都拍了下来。可是，兴奋归兴奋，秀芬的心中却藏了一个疑问。她忍不住问道："威尼斯的面具这么多，种类这么丰富，又这么精美，这些面具的背后一定隐藏了一段悠久、神秘的历史吧？卡尔大叔，你给我们讲讲威尼斯面具的历史，好不好？"

卡尔大叔微笑着点点头，说了起来："你猜得很对，威尼斯的面具的确有一段很悠久的历史。在 13 世纪以前，威尼斯人的日常生活

根本离不开面具，每个人无论是出门还是工作，都会在脸上戴上一张面具。可是到了 13 世纪，戴面具的人大多是没落的贵族和负债累累的赌徒，教会工作人员认为，这些人戴面具进入教堂，会损害教会的尊严，于是，政府就出台了一项政策，禁止威尼斯居民再佩戴面具。

16 世纪时，面具又开始在威尼斯流行起来。虽然官方仍然禁止人们佩戴面具，但这并不能阻止面具在威尼斯的流行趋势。后来，拿破仑进军威尼斯，打败了面具客，面具终于在威尼斯彻底消失了。直到 1979 年，在威尼斯的嘉年华中，威尼斯面具才得以重见天日，又恢复昔日的光华。"

听完卡尔大叔的介绍，孩子们不由长叹了一声，他们真没想到，威尼斯面具居然还有这样悠久的历史和曲折的发展历程。

史小龙也有一个问题："面具并不是威尼斯独有的，这里的面具到底有什么独特之处，才得以如此盛行呢？"

卡尔大叔一边拿起一张面具，一边对他说："除了工艺精致、历史悠久，威尼斯的面具之所以能够如此流行，最主要的原因就在于，这里的人们相信，面具可以遮盖住他们的一切。在他们看来，面具最神奇的本领就是它能帮助人们将自己真实的身份隐藏起来。只要戴上面具，穷人可以伪装成富人，老人可以瞬间变得年轻，男人也可以伪装成女人。面具就像是一个转换场，打破了人们身份的界限，让人们自由、平等、毫无拘束地交往。这正是面具得以在威尼斯盛行的重要原因。"

听了卡尔大叔的话，三个孩子对威尼斯面具的了解又进一步加深了。机灵的帅帅眼珠一转，突然想到了一件事，赶忙问："既然面具在威尼斯曾经如此盛行，人们每天的日常生活都离不开它，那威尼斯一定有许多和面具有关的节日吧？卡尔大叔，您快给我们讲讲。"

卡尔大叔放下手中的面具，满意地回答说："你研究得还很仔细嘛！威尼斯一共有三个与面具有关的节日，在这三个节日，人们都需要佩戴面具。这三个节日分别是威尼斯的狂欢节、嘉年华和四月斋。在狂欢节，面具是必不可少的，甚至被视为这个节日的象征。嘉年华共持续十二天，在这十二天，人们会戴着面具去燃放烟火，一同庆祝这个美好的节日。而在四月斋这个斋戒日，人们也会戴上面具，静静地度过这一天。"

"看来，面具在威尼斯的地位还真是世上罕见的啊！"秀芬诚心地发出了对威尼斯面具的赞美。

看着孩子们满脸崇拜、沉醉的表情，尤丝小姐温柔地笑了笑，继续补充说："威尼斯的面具共分三种类型：一种是传统的威尼斯面具，就是最简单的那一种；一

种是舞台戏剧面具，是专门用于舞台表演的；还有一种是现代幻想型面具，这种面具是艺术家们创造的，做工往往十分精美。好了，孩子们，赶快去挑选你们心中的面具吧！"

秀芬最看重实用性，所以挑选了一款造型简洁优美，适用于各种节日和派对的传统面具。小龙为自己挑选了一款没有下巴，下颚轮廓曲线分明，象征着贪婪、负面之徒的舞台戏剧面具。帅帅则挑选了一款做工精致的现代幻想型面具，准备把这个风格独特、造型高贵的面具带回去，作为艺术品珍藏起来。

挑选完心爱的面具，孩子们高兴地踏上了回旅馆的路。卡尔大叔相信，今天的晚餐一定会很愉快。因为每个孩子都选到了自己喜欢的面具，而每张面具后面都有一个精彩的故事。

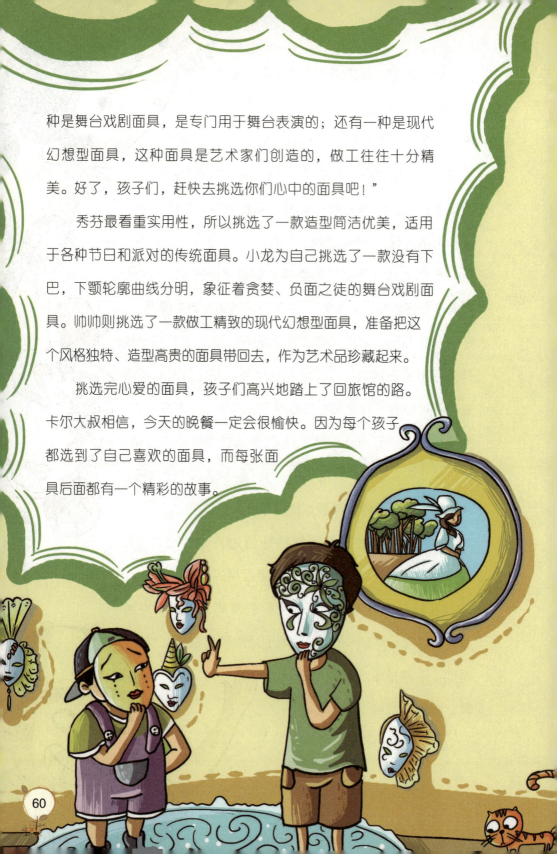

正在下沉的威尼斯

　　孩子们正在看新闻，突然听到了一则关于水城威尼斯的报道，报道上介绍，威尼斯每一天都在下沉，也许到了本世纪末，威尼斯就会从这个世界上消失了。

　　"这么说，很多年以后，我们真的就有可能再也看不到威尼斯了？"秀芬忍不住惊叫，帅帅和史小龙也都感到十分震惊。通过这几天在威尼斯的生活，孩子们觉得威尼斯风景优美、居民和善、历史悠久，实在是一个人间难寻的佳处。童话之岛布拉诺岛，更是让他们流连忘返。一想到这么美丽的城市要从地球上消失了，他们的心都要碎了。

　　秀芬忍不住转过头问卡尔大叔："这则报道是真的吗？它为什么说威尼斯正在下沉呢？"

　　卡尔大叔看着秀芬激动不已的表情，安慰地摸了摸她的头发，

笑着说："你们不要激动，听我说，这则报道的确有可能是真的。受温室效应的影响，全球的气候都在变暖，海平面也在不断地上升。近几年，人们发现，威尼斯正在不断下沉，且洪水不断。"

听到这，小龙忍不住站了起来："我想起来了！从板块学说的角度来看，威尼斯的确是在不断地下沉。地理老师说过，因为非洲板块不断向北漂移，欧亚板块不停地被它向下挤压，所以就导致了阿尔卑斯山脉的向上抬升和威尼斯的向下沉没。不过，它下沉的速度也太快了！刚才那则报道上说，威尼斯正以每 100 年 1.3 米的速度下沉。"

帅帅的小眉毛都皱到了一起，他也忧心忡忡地说：

"是呀！造成威尼斯下沉的原因既有自然的，也有人为的，它下沉的速度怎么会慢呢？由于城市规模的不断扩大，工农业用水的需求也在不断增长。人们大面积开采地下水的行为，也是导致威尼斯不断下沉的重要因素之一。曾经有专家统计过，近二十年来，整个威尼斯已经下沉了近 30 厘米。这个速度是相当惊人的。"

听到这样严峻的现实，秀芬内心的不安和忧虑更进一步加深了。她都快急哭了，赶忙问卡尔大叔："不断的下沉，一定给威尼斯这个美丽的城市带来了不少危害吧？"

卡尔大叔耐心地回答说："那是肯定的。地面下沉给这座城市带来的最直接的危害就是洪水的肆虐。这几年，威尼斯的洪水越来越频繁了。自 1900 年以来，威尼斯的最低处——圣马可广场每年都会被洪水淹没 60 多次。1966 年那场大洪水的水位更是高达一米。也

是在那一年，许多居民都搬出了威尼斯。到了 2008 年，威尼斯又遭遇了一次 20 多年不遇的大洪水，全市有 95% 的地方都被洪水淹没，整个城市也几乎瘫痪了。那场大洪水对圣马可广场造成了极大的破坏，许多历史文物遭到损坏，就连渡轮也被迫停航，给这里居民的出行带来了极大的不便，也严重威胁了旅游业的发展。"

听到地面下沉居然给威尼斯带来了这么大的危害，帅帅不由发出感慨。但是，一个新的疑惑很快从他的心底升了上来："既然下沉的危害这么大，威尼斯政府有没有意识到这个严重性，采取什么措施来阻止这里继续下沉呢？"

卡尔大叔想了想，说："威尼斯政府当然意识到了这个问题的严重性，相应的措施也被一一采用了。在 1966 年大洪水之后，意大利政府就出台了一系列政策。其中，最有影响力的就是摩西计划，这项计划的内容是在威尼斯修建 79 座浮动水闸。不过，这项计划一直饱受争议，所以并没有很快就得以执行。一些专家坚持认为，浮动水闸会将潟湖与亚得里亚海隔离开来，使湖水得不到更新，既而变成一潭死水，严重威胁水中生物的生存。后来，考虑到这项工程能在很长一段时间内保证威尼斯居民的安全，威尼斯人终于开始了施工，但是，此时距离最初提出这项计划，已经有40年了。"

说到这里，史小龙着急地问："难道就找不到一个更好的方法，既能够保护水生生物，又能减少洪灾对威尼斯的伤害吗？"

卡尔大叔神秘地笑了笑，信心十足地说："别担心啦！聪明的威尼斯人已经想出了这个两全其美的方法，他们准备将威尼斯80%的建筑都填高1米。"

秀芬忍不住问："为什么只填80%，而不是全部呢？"

卡尔大叔哈哈大笑着说："如果全部填高，那么圣马可广场这种地方就会失去原来的风貌，许多文物古迹也会被严重地破坏啊！你们知道这个方法的神奇之处到底在哪吗？呵呵，你们一定想不到，将这些建筑填高1米后，浮动闸每年就只需工作7次了，这样就能大大降低对水生生物的伤害了。"

听完卡尔大叔的话，孩子们心中的大石头终于放了下来。如此美丽的威尼斯，孩子们衷心希望它能一直留存于这个世界，给那些爱它的人们带去无限的欣喜！

知识百宝箱

满城石狮守住的只是个空城吗？

石狮是威尼斯的象征，千百年来，无数石狮一直静静地伫立在威尼斯的各个角落。这些石狮就像是威尼斯的守护神，守护着威尼斯的每一寸土地。

近年来，为了迎合旅游业的发展，威尼斯当地的传统店铺如面包店、杂货店等都逐渐变成了服饰店、礼品店和手工精品店。随着物价的不断增长，许多居民不得不举家迁往意大利的其他地方。

目前，威尼斯人口转移的速度正在不停地加快。不少专家呼吁，当地政府是时候采取措施了！否则，照这样的速度发展下去，到本世纪中叶，威尼斯就会变成一座空城。

第10章

威尼斯葬礼

尤丝小姐上楼来打扫房间，发现三个孩子还在睡梦中。她轻手轻脚地打扫完，笑着对楼下的卡尔大叔说："真是一群懒家伙！"

　　突然，窗外传来了一阵阵吵闹声，有船桨在水面划动的声音，有人群的呜咽声，还有朗诵的声音……在这些嘈杂又热闹的声音的影响下，几个孩子很快就被吵醒了，纷纷爬起来，向窗外望去。只见在大运河的中央，三只贡多拉承载了一个粉红色的棺材。船头站着一名男子，他身穿黑色的斗篷，手上拿着一张奇怪的面具，船上共有10多名掌舵手。这三艘船的周围还有一些看热闹的小船，岸边也有很多跟随小船不断奔跑的人，不过他们大多表情忧伤。

　　这一切看上去真像是一场葬礼，可是，这究竟是谁的葬礼呢？规模居然如此之大，几乎引得全城的人都一同驻足观望、忧伤叹息呢？

几个孩子对视了一眼，不约而同地穿起衣服就奔向了看热闹的人群。尤丝小姐只来得及在他们后面大叫了一声："孩子们，注意安全！"不过，他们都没听到，只是使劲地向岸边跑，生怕错过了什么。

　　小船缓缓地行驶着，人群也慢慢地移动着。不时有人发出呜咽声，四周都弥漫着悲伤的气氛。孩子们虽然不明白到底发生了什么，却也渐渐地被这种悲伤的氛围感染了。小船在抵达里亚尔托桥后终于停了下来。此时，里亚尔托桥旁边的巨大电子屏幕上出现了一系列数字。帅帅仔细一看，原来上面显示的正是威尼斯逐年下降的人口数量。接着，棺材被抬到了位于里亚尔托桥旁边的市政府的前方。随后的一幕令三个孩子目瞪口呆。只见抬棺材的人居然将棺材打碎了，还从里面取出了一面凤凰旗帜。这时，人群又发出一阵阵更大的呜咽声。

　　看着从棺材里拿出的凤凰旗帜，几个孩子猜到，这场葬礼并不是给人举办的。那又会是为谁举办的呢？秀芬忍不住问向身旁的一位老奶奶。

　　老奶奶非常慈祥，她告诉秀芬："这是威尼斯人为威尼斯举行的葬礼。"

　　"为威尼斯举行葬礼？"这听上去就是不可思议的事情，把秀芬惊得简直说不出话来，"您是说威尼斯人在为威尼斯城举行葬礼吗？可这是为什么呀？"

　　老奶奶耐心地为秀芬解答："因为威尼斯的人口正在不断减少，可能在不久之后，威尼斯就会彻底变成一座空城或鬼城。所以，为了警示人们环境恶化的危害，并让更多的人了解到威尼斯的现状，威尼斯人就为威尼斯举行了这样一场特别的葬礼。"

　　随着凤凰旗帜的取出，葬礼也结束了。几个孩子随着人潮回到了宾馆，将他们刚才的所见所闻讲给卡尔大叔和尤丝小姐听。

小龙刚才在路上就一直有个疑问，此时忍不住问卡尔大叔："为什么那副棺材里面放了一面凤凰旗帜呢？"

　　卡尔大叔不慌不忙地喝了口水，才徐徐开口："因为在威尼斯人的心中，凤凰的寓意非常美好，并且具有神奇的力量。著名的凤凰歌剧院在1996年曾遭遇大火，受到了毁灭性的打击。但在2001年，浴火后的凤凰歌剧院获得了重生。所以，在威尼斯人看来，凤凰是重生的象征。于是，他们便制造了凤凰旗帜，寄托自己对威尼斯未来的美好愿望。而将凤凰旗帜取出，就代表着威尼斯即将获得新生。"

　　帅帅最担忧的还是威尼斯会发生刚才老奶奶说的那种状况，他问："威尼斯真的会变为一座鬼城吗？"

　　卡尔大叔回答说："目前，威尼斯的确遭遇了前所未有的危机，由于频繁的水患和不断上升的生活成本，以及旅游业过度发展带来的生活不便和环境破坏等一系列原因，岛上的居民不断地向外搬迁。现在，威尼斯人口已不足6万人，按照目前的人口搬迁速度，用不了多

长时间，威尼斯可能就连一个原住居民都剩不下了。"

"可是，就没有一个好的办法可以阻止这个悲剧的发生吗？"帅帅担忧得声音都大了起来。

卡尔大叔严肃地说："人们当然不会眼睁睁地坐等这个结果！除了防治洪水和减缓威尼斯下沉，现在，当地政府也在采取措施限制旅游业的过度发展，并在逐渐恢复岛上的其他产业和便民商店。这个过程相对比较缓慢，短期内很难看到明显的效果。但是，只要能让这里的物价和房价降低，保证物质丰富，这里就会更适合居民居住，也会让更多居民愿意留下。"

史小龙也开口说："你别太担心了，其实情况也没有你想象的那么严重，如果将离岛居民和外出求学的学生都计入人口统计，威尼斯的人口大概有18万呢！所以，想变成一座鬼城也不是件容易的事呢！"

听了史小龙和卡尔大叔的话，帅帅和秀芬心里的担忧终于减轻了一点。

几个孩子都在心里默默地祈祷着：无论威尼斯未来会发展成什么样子，只希望当地政府能够尽全力保护威尼斯，挽留这里的居民，实现发展与环境、经济效益与社会效益的和谐与平衡，让原住居民们生活得越来越幸福！

第11章

传奇的威尼斯共和国

闲来无事的时候，三个孩子都很喜欢翻看世界历史和世界地图。也许是因为来到了威尼斯，孩子们对有关威尼斯的一切都表现得比以前更积极、更上心。今天翻看世界历史，他们看到了一些有关历史上的威尼斯共和国的介绍。之前，他们都只知道威尼斯是意大利的一个省，却不知道，在历史上威尼斯还曾是一个独立的共和国，只是后来消失了。这让孩子们对这段历史十分好奇。

仔细翻看了一下这一时期的历史，孩子们发现，原来，威尼斯共和国诞生于公元 8 世纪，它经历了漫长的发展，创造了灿烂的文化，后来在 1797 年被拿破仑所灭。

细心的秀芬最先发现问题："威尼斯最早的居民是谁呢？"帅

帅和史小龙翻遍了历史书，也没能解答她的疑问。于是，几个人就一起去找卡尔大叔。

卡尔大叔告诉秀芬："威尼斯岛的原住居民就是意大利内陆的人民。当时，意大利与匈奴人、伦巴第人发生了战争，为了躲避战火，意大利内陆人民逃难到了威尼斯。从那以后，他们就在威尼斯定居下来，成为威尼斯最早的居民。"

秀芬"哦"了一声，调皮地吐了吐舌头，表示自己明白了。

小龙更想知道威尼斯共和国的起源。"威尼斯共和国是怎么诞生的呢？"他忍不住问卡尔大叔。

卡尔大叔沉思了一会儿，然后慢慢地说："最开始逃难到威尼斯各个岛屿上的威尼斯原住居民，为了抵抗匈奴人和其他民族的入侵，结成了联盟，还共同选举出自己的领袖——乌尔索斯。不久后，威尼斯共和国得到了拜占廷帝国的承认，威尼斯共和国于是正式诞生了。"

"可是，威尼斯共和国为什么要先得到拜占廷帝国的承认才算正式成立呢？"小龙越听越糊涂了。

卡尔大叔耐心地告诉他："这是因为在建国之初，威尼斯联盟的力量还不够强大，需要借助拜占廷帝国的力量才能抵御敌人，所以当时的威尼斯是隶属于拜占庭帝国的。因此，它后来建国就必须经过拜占廷帝国的承认才行。"

帅帅接着问："我们都知道，现在的威尼斯是地中海沿岸十分重要的港口城市，那威尼斯共和国的经济发展得怎么样呢？"

卡尔大叔说："在新航路开辟之前，威尼斯就是东西方贸易之路上的一颗明珠。威尼斯靠转手贸易，将东方的商品如胡椒、香料、陶瓷、丝绸、茶叶等物品高价卖到西欧各国，使自己的经济获得了很好的发展。经济的高速发展也带动了航海事业和造船事业的发展，这

也使威尼斯的军事力量得到了
空前发展。也正是在这个时
期，威尼斯通过四次海战，
打败了贸易竞争对手，侵吞了许多岛
屿，扩大了自己的版图，进入了
全盛时期。但是，新航路开辟后，
欧洲的贸易中心逐渐从地中海沿岸转移到了大西洋沿
岸，威尼斯共和国的经济也受到了很大的打击。"

　　卡尔大叔的话音刚落，小龙就紧接着追问：
"由贸易中心转移导致的经济衰退就是威尼斯共和国最终灭亡的原
因，对吗？"

　　卡尔大叔微笑着点点头："你说的对，经济衰退确实是一个很重要的原因。因为海上贸易的衰退，直接阻碍了威尼斯共和国航海业和造船业的发展，也由此削弱了威尼斯共和国的军事实力，于是，到了1797年，当拿破仑的铁骑踏上威尼斯的土地上时，威尼斯共和国只得宣告投降。从此，威尼斯就成为意大利的一个省，威尼斯共和国也从历史上彻底消失了。"

卡尔大叔还告诉他们，在威尼斯共和国时期，威尼斯的文化发展得非常繁荣。现在，威尼斯众多的历史文化古迹就是那时文化繁荣的证明。听到这，帅帅又问："那在威尼斯共和国时期，这里的文化具体都有了哪些发展呢？"

听完帅帅的问题，卡尔大叔思考了一会儿，然后对帅帅说："威尼斯共和国的文化建设成就大多是在威尼斯的全盛时期完成的。那时候，威尼斯还是欧洲文艺复兴的中心之一，威尼斯在雕刻、绘画、建筑和文学创作上都达到了很高的水平。著名的画家达·芬奇、文学家

莎士比亚等，都曾以威尼斯作为灵感的发源地，创造出了辉煌的艺术成就。现在威尼斯许多引以为豪的历史文化古迹都出自威尼斯共和国时期。欧洲第二古老的大学——帕多瓦大学，也成立于这一时期，是威尼斯共和国全盛时期文化昌盛的铁证。"

秀芬突然想起了一个问题："威尼斯共和国的政权性质既然是共和国，那威尼斯当时的政治一定很民主吧？"

听秀芬这样问，卡尔大叔不禁笑了起来，说："你错了。威尼斯共和国就跟历史上的迦太基共和国一样，统治非常腐败、专制和黑暗。当时，政权主要被商船主和金融巨头等商人和贵族把持着，他们官商勾结。为了控制舆论和民意，他们对所有人都采取监督、威吓、暗杀等手段，使人们完全失去了民主和自由。可以说，那是一段相当黑暗、腐败的历史。威尼斯共和国真正的民主与自由是在进入近代资本主义社会后才出现的。"

秀芬恍然大悟地说："原来，判断一个国家是否民主，光从名字上判断也是不行的！"

孩子们对威尼斯又有了进一步了解。生活在威尼斯的每一天，都能听到新的故事，学到新的知识，他们真是太愉快了！

第12章

威尼斯
——桥的艺术博物馆

逛了几天，几个孩子不得不承认，威尼斯这座城市真称得上是一个桥的博物馆。在威尼斯的周围围绕着118个小岛，远远望去，就像是一片片静静漂浮在水面上的荷叶。而连接着这些小岛的桥梁，就像一根根莲藕，与小岛不离不弃，终生相依。

在威尼斯地图上将404座小桥一座座数出来之后，孩子们不禁发出感叹："威尼斯的桥可真多呀！"

在这些桥中，孩子们最熟悉的就是已经参观过的叹息桥，那座异常美丽却带着一丝忧伤的桥，给孩子们留下了非常深刻的印象。可是，对于其他的400多座桥，他们却不甚了解。于是，他们再次去找卡尔大叔，想要更多地了解一些关于威尼斯的桥的知识。

卡尔大叔放下手中的书，说："那我们就先一起去认识一下利亚德桥吧！利亚德桥是威尼斯这404座桥中最著名的一座。它建立于16世纪末，是唯一一座横跨威尼斯大运河的古老石桥。利亚德桥的外形上看上去就像一座房子，非常漂亮。桥的附近分布了很多购物中心、商店和街市，人口攒动，十分热闹。小商贩和来自世界各地的游客，将利亚德桥点缀得热闹非凡。"

听说利亚德桥是威尼斯最著名的桥，秀芬不禁好奇地问："咦？利亚德桥有什么特别之处，为什么被评为威尼斯最著名的桥呢？"

卡尔大叔微笑地解释："利亚德桥能闻名世界，吸引全世界的人前来参观，自然有它吸引人的地方啦！首先，这座桥的整体建筑非常优美。如果在晚上前去参观，还能感受到一种非常唯美、浪漫的气氛。其次，桥的周围全是热闹的购物中心，参观桥的同时又能去购物，这在无意之中增加了这座桥的人流量。人流量大了，知名度自然也跟着提高了。最后，也是最重要的一点是，这座桥还曾作为莎士比亚的创作素材，出现在了旷世巨作《威尼斯商人》中。所以，亚利德桥变得举世闻名也就十分顺理成章了。"

向秀芬解释完利亚德桥举世闻名的原因后，卡尔大叔接着又向孩子们介绍了威尼斯最新的桥——宪法桥："你们不觉得吗？这座桥光听名字就很有时代感。它也是矗立在大运河上的唯一一座现代化风

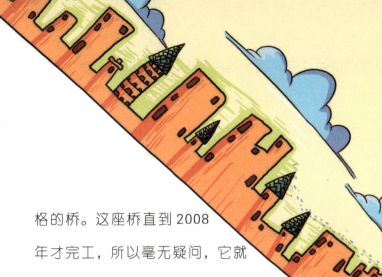

格的桥。这座桥直到2008
年才完工，所以毫无疑问，它就
是威尼斯最新的桥。"

卡尔大叔的话刚说完，小龙就问："我听这
里的居民们说过，宪法桥自建立的那天起，关于它的
负面报道就一直不断。可是，我真的不明白，宪法桥把威尼
斯的火车站与汽车站都连接到了一起，交通意义那么重大。怎么还
会出现这么多关于它的负面报道呢？"

尤丝小姐正好走过来，就代替卡尔大叔回答了小龙的问题："这
是因为宪法桥的设计中没有考虑到斜坡对残疾人和老年人的影响，所
以落成后给他们的出行带去了许多不便。另外，宪法桥的建筑风格太
过现代，与威尼斯古色古香的氛围也显得很不搭调。所以，它一直受
到来自各方的批评。"

小龙若有所悟地点点头，表示自己明白了。这时，卡尔大叔又开始向他们介绍下一座桥。卡尔大叔说："下面要说的桥名叫里亚尔托桥，它是威尼斯大运河上最漂亮、最古老的桥，也是最宏大的桥。除了有沟通大运河两岸的作用外，里亚尔托桥还是威尼斯的贸易中心。想当年，为了建造里亚尔托桥，政府曾广集名家提供设计方案。米开朗基罗、帕拉弟奥和圣索维诺艾等著名的建筑师都曾被提名。最后，政府敲定由安东尼·达蓬特担任这座桥的总设计师。这座桥整个是用白色的大理石建造的，所以，它又被人们形象地称为'白色巨象'。"

　　"可是，据我了解，里亚尔托桥曾经是木质结构的呀！"帅帅不解地问，"到底发生了什么事，让它从木桥变成了石板桥呢？"

　　卡尔大叔很开心帅帅提前做了功课，赞赏地拍了拍他的肩膀，说："那是因为在 1444 年的时候，里亚尔托桥上发生了一件大事。当时，费拉拉公爵大婚，许多群众赶来凑热闹，他们全部聚集到大木桥上，准

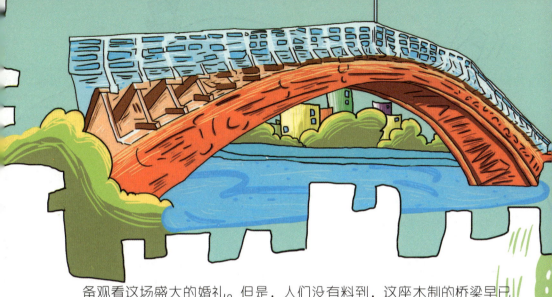

备观看这场盛大的婚礼。但是，人们没有料到，这座木制的桥梁早已腐朽不堪，在重压下竟然坍塌了。后来，政府在 1508 年打算再建这座桥。考虑到木制材料毕竟不够坚固，容易腐化，政府就用白色的大理石重修了里亚尔托桥。至此，里亚尔托桥终于变坚固了，到今天，它已经经过 500 多年的岁月洗礼了，可是，它却依然完美地屹立在大运河上，没有丝毫的损坏，就像一座不老的神话。"

接着，尤丝小姐又向孩子们介绍了威尼斯最有特色的桥——学院桥。"学院桥位于大运河的最南边，是最靠近圣马可广场的一座桥。同里亚尔托桥不同，最开始，人们本来打算将学院桥建造成一座石拱桥，可最终却建起了一座木制的桥梁。虽然木质结构在桥梁建筑史上非常常见，但学院桥并不一般哦！它的单跨度就有 48 米呢！这在全世界的桥梁建筑中都属于十分罕见的。"

三个小家伙认真地听着，觉得威尼斯实在是太神秘、太吸引人了！有关威尼斯的一切，就像是一个谜。而他们就像是三个小探险家，正在不断地发现线索，一点点发掘着威尼斯的美丽。

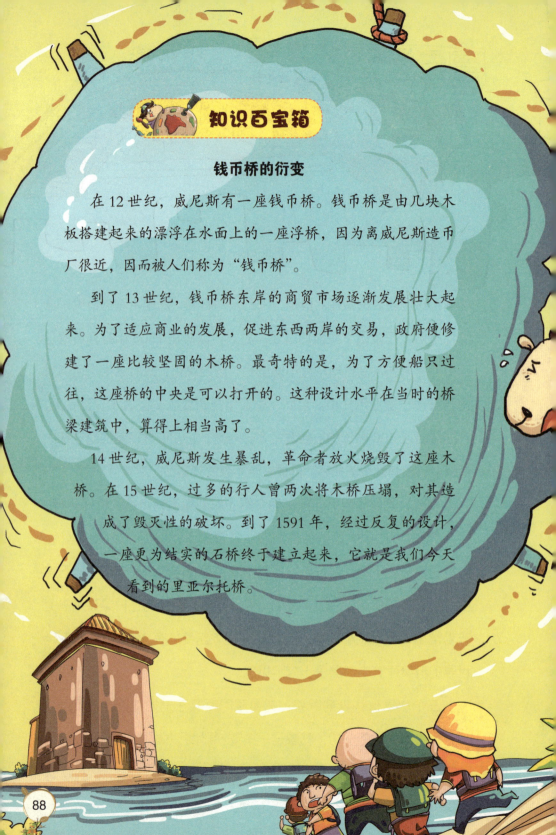

知识百宝箱

钱币桥的衍变

在 12 世纪，威尼斯有一座钱币桥。钱币桥是由几块木板搭建起来的漂浮在水面上的一座浮桥，因为离威尼斯造币厂很近，因而被人们称为"钱币桥"。

到了 13 世纪，钱币桥东岸的商贸市场逐渐发展壮大起来。为了适应商业的发展，促进东西两岸的交易，政府便修建了一座比较坚固的木桥。最奇特的是，为了方便船只过往，这座桥的中央是可以打开的。这种设计水平在当时的桥梁建筑中，算得上相当高了。

14 世纪，威尼斯发生暴乱，革命者放火烧毁了这座木桥。在 15 世纪，过多的行人曾两次将木桥压塌，对其造成了毁灭性的破坏。到了 1591 年，经过反复的设计，一座更为结实的石桥终于建立起来，它就是我们今天看到的里亚尔托桥。

第13章

浴火重生的凤凰歌剧院

听住在附近的居民说，凤凰歌剧院今晚将上演著名的歌剧《茶花女》，几个孩子激动坏了，嚷着要去看。

"想去看演出没问题，不过，你们谁能先给我介绍下《茶花女》这部作品啊？"卡尔大叔笑着丢出了问题。

"我知道，《茶花女》是小仲马的成名作，也是世界最经典的小说之一。它是小仲马根据自己的真实经历改编的。《茶花女》讲述了一个浪漫、凄美的爱情故事，情节曲折，书中强烈地批判了旧社会的制度。这部书一经问世就受到了世人的普遍欢迎。"帅帅抢着回答。

"是啊，我早就看过这部小说了！那个女主人公既美丽又善良，真不明白她的结局为什么会那么凄惨。卡尔大叔，你就带我们去凤凰歌剧院看看歌剧版的《茶花女》吧！"秀芬也央求着说。

　　卡尔大叔同意了。晚上六点半，几个人提前来到了歌剧院，准备观看这部经典的歌剧。此时，距离演出正式开始还有一个小时的时间。

几个孩子的心里都很激动，他们仔细观察着这座金碧辉煌的歌剧院。头顶那仿佛水晶般透亮、闪耀的吊灯最先吸引了他们的目光。这顶灯不仅造型精美，而且从各个角度都可以发出纯白、明净的灯光。"这顶吊灯这么完美，一定是出自慕拉诺岛吧？"帅帅好奇地问。尤丝小姐很开心地点了点头，肯定了帅帅的猜测。帅帅于是转过头去，继续观察着。从上往下俯视，每一层包厢都镶嵌着金色的雕刻，以致整座大厅在灯光的照耀下，金光闪闪的。几个孩子在黄丝绒的椅子上坐下，一种贵族般的奢华感觉顿时油然而生。

　　看着周围金碧辉煌、华丽唯美的一切，孩子们都深深地陶醉了。不过，秀芬的心中一直有一个疑问，所以即使十分陶醉也还是忍不住问道："卡尔大叔，你不觉得凤凰歌剧院的名字很奇怪吗？大多数歌剧院都是以人名或地名命名的，它为什么偏偏以凤凰命名呢？"

卡尔大叔高深莫测地笑了笑，回答说："这个问题嘛……呵呵，我们都知道，威尼斯最早的居民来自于意大利。而古代的意大利人，也就是古罗马人坚信，凤凰是一种神物，是不朽的象征。威尼斯人作为古罗马人的后裔，自然也对这一说法深信不疑。所以，威尼斯人就为这座歌剧院取名为凤凰歌剧院，希望它能永远不朽，并为威尼斯人带来吉祥如意。"

见卡尔大叔这么轻松地就回答上了自己的问题，秀芬信服地点点头，又继续问："我听说，在历史上，凤凰歌剧院曾三次毁于大火，这又是怎么回事呢？"

卡尔大叔一时没想起来，于是用手托着下巴沉思了一会儿。他在大脑中努力搜索有关凤凰歌剧院三次大火的事情，终于找到了答案，

赶忙说："凤凰歌剧院遭遇的第一场大火就在它刚开工建设的 1790 年。那时，凤凰歌剧院还没有建完，就被这场大火烧毁了。执著而坚强的威尼斯人并没有就此放弃对凤凰歌剧院的修建。就在两年后，凤凰歌剧院终于建成了。但就在 1836 年，凤凰歌剧院第二次失火，又被彻底烧毁了，这次，威尼斯人立刻将它重修好了。但不幸的是，1996 年，因为两名电工失职，使得凤凰歌剧院再次浴火，凤凰歌剧院又一次遭受到了毁灭性的打击。"

秀芬认真地点点头，若有所思地说："凤凰歌剧院居然三次毁于火灾，又三次被重建，还真像是浴火重生的神鸟凤凰。它的这个名字一定也暗含着威尼斯人对它的祈福之意！"

卡尔大叔赞同地点点头，打心里为孩子们一点一滴的进步感到高兴。

帅帅接着问："我听说，最后一次火灾带给凤凰歌剧院的破坏是毁灭性的。它的恢复重建工作也比以往的两次更加困难。您能给我们讲讲那次重建中，人们到底遇到了哪些困难吗？"

卡尔大叔说："唉，最后一次火灾的火势实在是太大了，不仅烧毁了凤凰歌剧院，就连托举凤凰歌剧院的桥梁也被烧毁了。当时，威尼斯人民十分伤心，他们都以为凤凰歌剧院这次真的无法修复了。所幸，威尼斯人既有聪明的头脑，又有坚韧的精神，所以尽管困难重重，又一次的重建工作依旧开始了。他们将原有的设计草图和照片找出来，又将大运河部分位置的河水抽干，历尽千难万险，终于使凤凰歌剧院又奇迹般地矗立在了大运河上。"

自打坐下，史小龙一直好奇地四处张望。此时，他终于收回视

线，也提了一个问题："好啦，凤凰歌剧院的确是命运多舛了些。可是，意大利的歌剧院那么多，它是凭借什么享有那么大的盛名，被称为意大利最大、最有名的歌剧院呢？"

这时，尤丝小姐递给卡尔大叔一瓶水，代替他回答说："凤凰歌剧院的名声可是名副其实的哦！除了悠久的历史和精致、豪华的建筑，这里的演出水准也堪称世界一流。很多世界经典歌剧曲目的首演都是在这里举行的。众多世界顶级的歌剧大师也都曾在这里指挥或表演过。所以，凤凰歌剧院在世界歌剧发展史上的地位是无可取代的。"

尤丝小姐的话音刚落，《茶花女》的演出时间就到了，孩子们赶快安静下来，将全部的注意力都投向了这部著名的舞台音乐剧。

知识百宝箱

《茶花女》在凤凰歌剧院的上演波折

威尔第是威尼斯的一位很著名的歌剧编剧，他在威尼斯歌剧史上有着重要的影响，还曾经创造了一个属于他自己的时代——威尔第时代。

当初，威尔第在法国巴黎看过话剧版的《茶花女》之后，心情异常激动，决心要将其搬至歌剧舞台。仅仅花了几个星期，这部音乐剧就完成了。可是，在凤凰歌剧院举行的首场演出，由于演员排练不够、女主角太胖、男主角感冒等一系列原因，并没有收到很好的反响。威尔第并没有放弃，他汲取了这次失败的经验教训，带领全部工作人员又精心准备和排练了一段时间，终于使歌剧《茶花女》在凤凰歌剧院一炮打响，不仅受到了众人的赞赏，也使该剧成为经典的歌剧曲目之一。

第14章

历史最久、
规模最大的狂欢节

三个孩子觉得自己实在是太幸运了，刚来威尼斯没几天，居然就赶上了这里一年一度的狂欢节。威尼斯狂欢节在每年的二月份举行，是世界上历史最悠久，也是规模最大的狂欢节之一。几个孩子打听到，今年的狂欢节将在圣马可广场上举行。一大早，他们就兴奋地跟着卡尔大叔和当地热情的居民来到了圣马可广场。只见圣马可广场上人头攒动，好不热闹！广场上的人都头戴面具，身穿华丽的古代服饰，有的正在扮演着戏剧中的某个角色，有的正在忙着拍照。第一次参加这样盛大的节日，孩子们对周围的一切都十分好奇，他们实在是太兴奋了，觉得自己的眼睛都不够用了。

　　渐渐地，所有人都停止了动作，而是静静地等待着观看本次狂欢节的开幕仪式。三个孩子也停止了笑闹，安静地站在卡尔大叔的身边。开幕式上，最精彩的表演就要数"天使降临"了。这是每次威尼斯狂欢节开幕仪式上都要上演的传统节目。当白衣天使从百米高的钟楼上降落到圣马可广场时，威尼斯狂欢节的帷幕就算正式拉开了。

　　舞会开始后，圣马可广场立刻变成了一个化装舞会的现

场。身着盛装的人们，开心地在圣马可广场上狂欢着。

卡尔大叔告诉三个孩子，威尼斯的狂欢节每年都会有一个主题，而今年的主题就是"19 世纪、茜茜公主、女人之城"。这样的主题自然少不了 19 世纪的高贵公主和公爵夫人了，孩子们的情绪很快就被热情的威尼斯人感染了。

狂欢节的内容实在是太丰富了。三个孩子完全融入了这个环境，随着人群走，不一会儿，又来到了红酒喷泉旁边。这里的红酒价位不高，却很能体现狂欢节的特色。只可惜，他们的年龄还小，只被允许喝饮料。酸酸甜甜的饮料下肚后，孩子们终于想起寻找卡尔大叔，因为他们有许多关于狂欢节的疑问要请教他。

还好，卡尔大叔并没有被人流冲得太远，而是一直跟孩子们保持着距离。此刻，他正躲在红酒喷泉的另一侧喝酒呢！孩子们没费多大力气就找到了他。秀芬迫不及待地问："威尼斯的狂欢节真的是世界上规模最大、历史最悠久的狂欢节之一吗？"

卡尔大叔端着一个很漂亮的高脚酒杯，脸蛋在酒精的作用下，变得红扑扑的。他微笑着告诉秀芬："你知道威尼斯狂欢节的历史有多悠久吗？据文献记载，早在 12 世纪之前，威尼斯狂欢节就已经诞生了。它是世界上所有的狂欢节中起源最早的。而且，威尼斯狂欢节是一个举城狂欢的节日，对参与对象也没有特殊的要求，王公贵族可以来，平民百姓也都可以参加。所以，它的规模也是世界上最大的。"

听着卡尔大叔娓娓道来，秀芬的兴致更大了，她又继续追问："那威尼斯狂欢节最早是如何起源的呢？"

卡尔大叔依然微笑着告诉秀芬："关于这个问题的答案，一直没有一个统一的说法。一个说法认为，威尼斯狂欢节起源于冬去春来之际，人们庆祝农事活动的神农节。另一个说法则认为，威尼斯狂欢节最早起源于 12 世纪时人们为了庆祝威尼斯共和国

的日益强盛而举办的大型的庆祝活动。后来，这个时间被天主教教主确定了下来，从那个时候起，威尼斯人每年都会在这个时候举行盛大的庆祝活动。"

回答完秀芬的问题，卡尔大叔又端起酒杯，准备继续品尝狂欢节特供的美酒。没想到，史小龙的问题紧跟着也来了："卡尔大叔，参加威尼斯狂欢节的人为什么都戴着面具呢？"

卡尔大叔无奈地又把酒杯放下，缓缓地说："那是因为在18世纪时，狂欢节曾在威尼斯极为风行。就连公主、公爵夫人等王公贵族每年也会准时前来参加。他们为了更好地融入平民百姓中，和大家一起平等地狂欢，就选择了用戴面具的方式隐藏自己的身份。从那时起，面具就开始在威尼斯广泛地流行起来，人们也把佩戴面具作为狂欢节的传统流传了下来。在面具的掩盖下，威尼斯人不分年龄、财富、性别和阶级，都能尽情地狂欢。这种完全平等的狂欢是威尼斯特有的。"

总算回答了他们的问题，卡尔大叔还以为可以安心喝酒了。可是，才过了没一会儿，孩子们就迫不及待地拉着他向广场的中央跑去。原来，狂欢节的活动已经开始了。几个孩子兴奋得就像是几匹脱缰的小马，刚从化装舞会的现场脱身而出，又随着拥挤的人群挤进了音乐会的现场。听完音乐会，他们总算稍微冷静了一点，意识到狂欢节上的活动和节目那么多，一直这样乱转实在是太盲目了。为了节约时间，他们决定分头行动，等晚上回去再互相交流。商量好后，三个小家伙看向了卡尔大叔，卡尔大叔笑着点头同意了。

帅帅选择去看戏剧演出，舞台上正在上演曾在威尼斯引起巨大轰动的《弄臣》，盛装出席的演员阵容和美轮美奂的舞台风格，看得他目瞪口呆。爱美的秀芬，径直跑去观看服装表演了。史小龙则选择了观看歌咏比赛，置身于这场听觉的盛宴，听着选手们用充满感情的雄浑的声音演绎着一首首古老的诗歌，小龙觉得自己的收获实在是太大了！

夜幕降临时，三个人终于不舍地结束了持续一天的狂欢节体验。他们迫不及待地回到旅馆，准备好好地互相交流一番！

享誉全球的
威尼斯画派

第15章

午后的阳光慢慢照进了坐落在大运河旁边的小旅馆。此时，尤丝小姐正在厨房里忙碌着，三个孩子则坐在客厅的沙发上聚精会神地观赏着挂在墙壁上的那幅油画。这幅画的名字非常美丽，叫做《沉睡的维纳斯》。画中，一个美丽的女人正慵懒地睡着。她随意地躺在那里，睡得非常惬意，身后的背景则是一片一望无际的大田野。画家的线条非常精准，女人丰满的身材被勾勒得十分动人。同时，女人身体的颜色与身后的背景形成了鲜明的对比，看上去美丽极了！三个小家伙看向这幅油画的落款，才知道原来它出自乔尔乔内之手。

看着这幅精美无比的油画，三个人都对它的作者乔尔乔内产生了强烈的兴趣。他们很想知道，乔尔乔内究竟是一个怎样的人，居然可以画出这样巧夺天工的作品。

于是，他们又一起去请教卡尔大叔。卡尔大叔正靠在沙发上闭目养神呢，听着三个小家伙一同跑过来的脚步声，他就知道，自己的午觉又泡汤了，"乔尔乔内是文艺复兴时期非常著名的一位画家，也是威尼斯画派的代表人物之一。他的许多作品都非常有名，其中最成功的就是你们所说的《沉睡的维纳斯》了。嗯……乔尔乔内的油画很有个人特色：首先是色彩鲜明；其次，他所画的人物画中，风景通常会占据很大的比例；另外，他的油画的画面也十分生动明快。乔尔乔内对威尼斯画派产生过非常重大的影响呢！"

听了卡尔大叔的介绍，三个孩子对乔尔乔内算是有了一个基本的了解。不过，他们之前并没有听说过威尼斯画派。这个陌生的画派对他们而言，显然比乔尔乔内更加神秘。三个小家伙互相看了一眼，学习的劲头又来了，秀芬最先提问："什么是威尼斯画派呀？我好像没听说过呢！"

卡尔大叔笑着回答："威尼斯画派是后人对文艺复兴时期的

一群在画风上十分相近的人的称呼。因为他们都生活在威尼斯，所以被称为威尼斯画派。"

秀芬又问："哦，那这个威尼斯画派的代表人物都有谁呢？"

卡尔大叔伸了个大大的懒腰，说："在15世纪，贝利尼家族的父子三人是威尼斯画派的主要代表人物。而到了16世纪，威尼斯画派的主要代表人物就是乔尔乔内和提香这两位艺术巨匠。"

史小龙说："威尼斯画派既然能够自成一派，肯定有一些不同于其他画派的特色吧？"

卡尔大叔点了点头："你说得很对。威尼斯画派有一个最与众不

同的特点，就是他们在绘画中，非常注重运用色彩的变化来凸显人物形象。他们最擅长使用明丽欢快的色彩，对人物进行精准地构图。而且他们的作品不拘传统，非常注重创新，画风也比较奔放、自由。"

"明白了，那威尼斯画派的画家们又有哪些特点呢？"史小龙继续穷追不舍地问。

还别说，卡尔大叔真不愧"知识宝库"的名号，无论遇到什么奇怪的问题，他只要转一转脑子，准能给出答案。卡尔大叔思考了一会儿，又开口说："这个问题的答案就要从当时的社会环境说起了。威尼斯画派这一群画家主要出现在 15 世纪和 16 世纪。那个时候的威尼斯，社会稳定，宗教信仰也很自由，人们都过着欢乐、自由的日子。威尼斯画派的画家就是在那种平静、美好的社会背景下涌现出来的。这群富有激情的精神世界丰富的画家们，最愿意做的事就是在纵酒狂欢后将自己狂热、欢乐的心情用油画的形式表现出来。"

史小龙顿时恍然大悟："难怪威尼斯画派的画作都这样奔放不羁，原来这群画家在生活中就是一群狂热、明朗的人呀！"

细心的帅帅突然意识到了一件事：威尼斯画派兴起于文艺复兴时期，而威尼斯又是意大利文艺复兴的中心，那文艺复兴的思想一定对威尼斯画派产生了极其重要的影响，这些影响究竟体现在哪些方面呢？想到这，他赶忙向卡尔大叔请教。

卡尔大叔推了推鼻子上的眼镜，说："文艺复兴的确对威尼斯画派产生了影响，尤其是文艺复兴中所宣传的人文主义思想，对威尼斯画派的影响更是巨大。所以，威尼斯画派的画作都注重以人为中心，着力表现人身上的自然美。就连宗教题材的作品中都融入了世俗化的色彩。"

听了卡尔大叔的话，帅帅想了想，又说："我想，从另一个角度来看，威尼斯画派肯定也对文艺复兴产生了一定的反作用。威尼斯画派的作品关注世俗中的人，那么一定也能起到解放和启蒙人们思想的作用。"

卡尔大叔高兴地为帅帅鼓起了掌。看到三个孩子已经从单纯地发现问题，发展到具有总结、归纳和解决问题的能力，卡尔大叔真是太开心了。

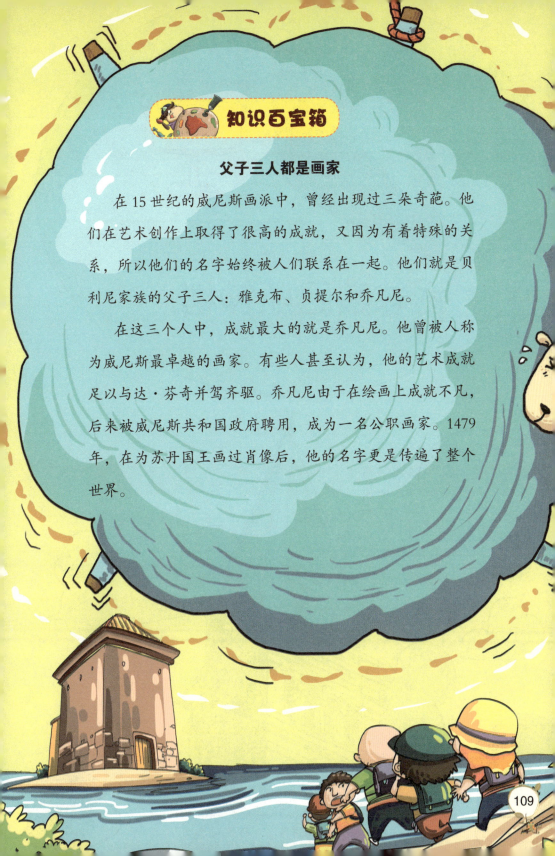

知识百宝箱

父子三人都是画家

在 15 世纪的威尼斯画派中，曾经出现过三朵奇葩。他们在艺术创作上取得了很高的成就，又因为有着特殊的关系，所以他们的名字始终被人们联系在一起。他们就是贝利尼家族的父子三人：雅克布、贞提尔和乔凡尼。

在这三个人中，成就最大的就是乔凡尼。他曾被人称为威尼斯最卓越的画家。有些人甚至认为，他的艺术成就足以与达·芬奇并驾齐驱。乔凡尼由于在绘画上成就不凡，后来被威尼斯共和国政府聘用，成为一名公职画家。1479年，在为苏丹国王画过肖像后，他的名字更是传遍了整个世界。

第16章

拯救威尼斯钟楼

在晴朗的天气里，只要登上 98 米高的威尼斯钟楼，整个威尼斯的胜景就可以尽收眼底。从高处俯瞰，大运河就像是一条蜿蜒的小蛇，静静地盘踞在威尼斯。圣马可广场则像一个圆形的展览馆，里面各种风格的建筑和络绎不绝的游人都是它的展物。远远望去，你甚至可以看到巍峨的阿尔卑斯山脉。它那银白色的雪峰在阳光的照射下，熠熠生辉，好看极了！站在 98 米的高空，感受着从地中海吹来的风，细细地嗅着风中夹杂着的阿尔卑斯山上冰雪的味道，会使任何人立刻放下心中的负担，觉得神清气爽、心旷神怡。毫不夸张地说，登上威尼斯钟楼，除了可以欣赏到绝美的威尼斯风景，还可以得到一次心灵上的沐浴。

就在这个晴朗的周末，一行人终于如愿登上了威尼斯钟楼 98 米高的顶楼。美好的风景让三个孩子深深地陶醉，可突然而至的整点钟声也足足地把他们吓了一大跳。放松下来的三个小家伙，一直叽叽喳喳个不停，就像比赛一样，争着把自己知道的知识讲给其他人听。

秀芬说："我给你们讲讲威尼斯钟楼的发展历程

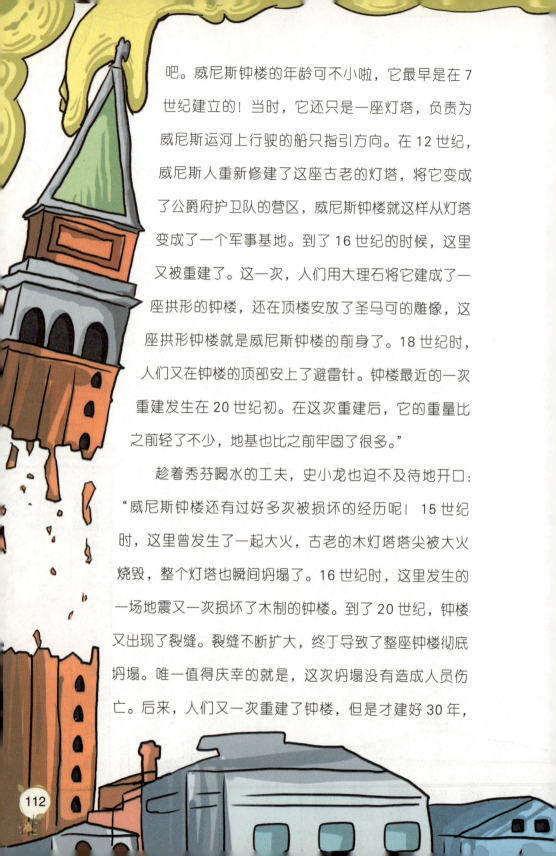

吧。威尼斯钟楼的年龄可不小啦，它最早是在 7 世纪建立的！当时，它还只是一座灯塔，负责为威尼斯运河上行驶的船只指引方向。在 12 世纪，威尼斯人重新修建了这座古老的灯塔，将它变成了公爵府护卫队的营区，威尼斯钟楼就这样从灯塔变成了一个军事基地。到了 16 世纪的时候，这里又被重建了。这一次，人们用大理石将它建成了一座拱形的钟楼，还在顶楼安放了圣马可的雕像，这座拱形钟楼就是威尼斯钟楼的前身了。18 世纪时，人们又在钟楼的顶部安上了避雷针。钟楼最近的一次重建发生在 20 世纪初。在这次重建后，它的重量比之前轻了不少，地基也比之前牢固了很多。"

　　趁着秀芬喝水的工夫，史小龙也迫不及待地开口："威尼斯钟楼还有过好多次被损坏的经历呢！ 15 世纪时，这里曾发生了一起大火，古老的木灯塔塔尖被大火烧毁，整个灯塔也瞬间坍塌了。16 世纪时，这里发生的一场地震又一次损坏了木制的钟楼。到了 20 世纪，钟楼又出现了裂缝。裂缝不断扩大，终于导致了整座钟楼彻底坍塌。唯一值得庆幸的就是，这次坍塌没有造成人员伤亡。后来，人们又一次重建了钟楼，但是才建好 30 年，也就是在 1939 年时，钟楼上居然又出现了裂缝。

到了 21 世纪，人们又发现，钟楼出现了倾斜现象，并且这种现象越来越严重。"

听了小龙的介绍，善良的帅帅不禁为威尼斯钟楼的未来担忧了起来。他不安地问卡尔大叔："人们在 20 世纪时才刚对这座钟楼进行了重建，它为什么会再次出现裂缝呢？"

卡尔大叔飘远的思绪一下子被帅帅的问题拉了回来，他叹了口气，说："唉，人们只知道在威尼斯钟楼坍塌后对它进行重建和加固，却忽略了一个最重要的问题。几个世纪以来，钟楼的地基一直都没变，始终只有 20 米深。地基这么浅，上面的建筑物又怎么会安稳呢？钟楼上的缝隙就是这样出现的。"

"那它从 21 世纪开始，像比萨斜塔一样出现了倾斜的情况，又是何缘故呢？"固执的帅帅继续追问。

卡尔大叔耐心地回答："钟楼不光倾斜的情况与比萨斜塔相似，就连倾斜的原因也跟比萨斜塔完全相同。农业的快速发展导致了威尼斯地下水被过度采集，这使威尼斯出现了一个巨大的地下漏斗。钟楼的位置恰好就在地下漏斗附近，所以它的地基才会发生倾斜。"

"钟楼的现状这么严峻，威尼斯人有没有采取一些保护措施去拯救它呢？"帅帅皱着眉头继续问。

　　卡尔大叔对帅帅笑了一下，安慰地说："别担心了，威尼斯政府已经想到了拯救钟楼的好办法了。他们准备将钛合金制成的金属带环绕在钟楼地面下方1米至3.5米的位置，这样既能加固钟楼的地基，又不会影响到钟楼的美观，可谓是一举两得呢！"

　　"那还不够，"帅帅依然很纠结，"除此之外，威尼斯政府还应该限制对威尼斯地下水的过度开采，这才是让钟楼停止倾斜的最佳方法。"

　　卡尔大叔赞赏地点点头，为了使帅帅更安心，又说："拯救钟楼的工程在2007年开始动工，历时一年半，已经全部竣工了。"

　　听到卡尔大叔这么说，孩子们为威尼斯钟楼悬起的心总算放了下来。三个孩子在心里默默地为威尼斯钟楼祈祷着，希望它能有一个更加美好灿烂的明天，能够永远地矗立在圣马可广场上。

第17章

母亲之河
——威尼斯大运河

　　就要离开威尼斯了，孩子们将他们告别之旅的目的地选在了威尼斯的大运河上。水造就了威尼斯的美，也造就了威尼斯的一切。千百年来，威尼斯大运河一直是威尼斯最大、最主要的河流，更是威尼斯人民心中的母亲河。

　　要泛舟大运河之上，要考虑的第一个问题就是选择哪种船。贡多拉虽然优美、传统，是威尼斯最有特色的水上工具，但是价格过于昂贵。一个小时左右的航程，游客们需要支付大概 100 欧元左右的费用。如果船夫在半路上提议你乘船去另外某个有意思的地方，那么你要支付的费用就有可能高达 150 欧元。这确实是一笔非常昂贵的费用。卡尔大叔告诉孩子们，在大运河上全程观光，最好的方式其实是乘坐汽艇。威尼斯的汽艇共有两种船票可供选择。一种是平价船票，起步价 1 欧元，然后按路程远近计算价格。另一种是通用船票，价格在 25 欧元左右。如果你拥有一张通用船票，那么在一段时间内，你就可以随意地乘坐汽艇去威尼斯的任何地方，次数不限。对于孩子们而言，这可能是他们最后一次泛舟在威尼斯大运河之上了。因而，平价票是最好的选择。虽然不能乘坐贡多拉让人有些遗憾，不过想一想，坐在汽艇上游览威尼斯也是一个不错的选择。

汽艇慢慢开动，大运河两岸的风景也逐渐呈现在了孩子们的眼前。河面泛起的微风轻轻打在孩子们的脸上，又清新又舒坦。秀芬一边欣赏着美景，一边喃喃自语："威尼斯大运河到底是条什么样的河呢？"

史小龙立刻回答了秀芬的问题："威尼斯大运河是一条 S 型的运河，它全长 3 千米，北起圣马可大教堂，南至圣基亚拉大教堂，平均深度在 3 米左右，共有 177 条小运河同它相连。大运河上桥梁众多，但只有叹息桥、丽都桥和里亚尔托桥是横跨大运河东西两岸的。河的两岸有许多辉煌的宫殿、华丽的教堂和充满地方特色的旅馆。"

小龙的话音刚落，大理石铸成的里亚尔托桥就呈现在了大家的面前，它就跟孩子们想象的一样，既大气又优雅。桥的附近就是威尼斯著名的商业街，素有"水上华尔街"的称号。接着，那些往日总是出现在油画中、照片里，甚至睡梦中的宫殿、教堂就像放电影一样，不断地从孩子们眼前闪过，由巴尔达萨雷·隆盖设计的斯卡尔齐教堂、拱形的土耳其客栈、大运河上最著名的宫殿文德拉明卡莱尔吉宫、迷人的黄金宫……逐一呈现。如此优美的风景，真是让孩子们如痴如醉。

帅帅听说大运河上曾留下过许多名人的足迹，于是饶有兴趣地问卡尔大叔："都有哪些名人曾在大运河之上驻足停留呢？"

听了帅帅的提问，卡尔大叔的思绪就像开了闸的洪水似的，一下子全都涌了出来。他告诉帅帅："威尼斯大运河对那些名人来说，就像一条灵水，曾给他们带去了无限的灵感与启发。过去，许多吟诗人常常头戴草帽，在大运河上吟唱诗歌。诗人罗伯特·勃朗宁曾在大运河边写下了许多流传

千古的诗句，吉尔伯特和苏利文在大运河之上创作了著名的歌剧——《贡多拉船夫》。莎士比亚的名著《威尼斯商人》中的一段故事就发生在'水上华尔街'。"

　　船还在继续前进着，十多座宫殿聚集在岸边，每一座都独一无二，令孩子们觉得自己仿佛走进了一个宫殿群。快艇上的司机告诉他们："最前面的两座宫殿叫做洛雷当宫和法尔塞蒂宫，这两座宫殿共同组成了威尼斯的市政厅。中间的那座宫殿也不简单，著名的英国诗人拜伦就曾在此居住。拜伦宫殿的旁边，还居住过当时的社会名流孔泰萨·本宗。一字排开的宫殿群中，有4座归莫琴尼戈家族所有。"孩子们听着，一边目不暇接地欣赏着这些宫殿，一边感叹着威尼斯的富裕和建筑水平的高超。

船很快就穿过了宫殿群。宽阔的大运河上，到处都是来往的船只。挂着明亮的日本灯笼的贡多拉载着名人和富商在运河上行驶，显得无比招摇。从亚得里亚海捕鱼归来的船只不断驶向岸边，船里面装满了新鲜的海产品。在河上泛舟看风景的游人们，有着不同的肤色、不同的语言。欢庆的结婚船队，一路上唱唱闹闹，好不热闹！

　　同船有一个来自加拿大的自助旅行的大学生。他告诉孩子们，每年都有好多世界各地的大学生，独自一人，背着旅行袋慕名来到威尼斯。他们的目的或是观看美丽的风景，或是欣赏华丽的建筑。更重要的是，他们还会去追寻名人的踪迹，或是参观美国杰出小说家欧亨利住过的房子，或是找寻出现在名著中的历史地名。

　　很快，快艇的终点站——圣基亚拉大教堂就到了。孩子们意犹未

尽地上了岸，不断回味着刚才的一切。站在威尼斯的大运河上，孩子们仿佛穿越回了古代一般，透过那些华丽的古老建筑，再次感受了威尼斯昔日的繁华。威尼斯大运河——这条威尼斯的母亲河，曾带给多少名人创作的灵感。泛舟威尼斯，追寻名人的足迹，孩子们再一次感受到了这里的人文气息。